AF341974

Günter Mayer

Die jüdische Frau in der hellenistisch-römischen Antike

Verlag W. Kohlhammer
Stuttgart Berlin Köln Mainz

CIP-Kurztitelaufnahme der Deutschen Bibliothek

Mayer, Günter:
Die jüdische Frau in der hellenistisch-römischen Antike / Günter Mayer. –
Stuttgart; Berlin; Köln; Mainz: Kohlhammer, 1987.
  ISBN 3-17-009391-6

Umschlagbild:
Esther.   Ausschnitt aus der Darstellung
›Mordekai und Esther‹ in der Synagoge
von Dura-Europos, 3. Jh. n. Chr.

Inhalt

1. Vorbemerkung

Wer Geschichte schreibt, scheint vor einem methodischen
Dilemma zu stehen: Entweder hält er sich streng an die chronologische Folge oder er beschreibt den Sachverhalt systema-
tisch. Wohl kann man ersteres, nämlich herauszufinden, was
nacheinander kam, als die eigentliche Aufgabe des Historikers
reklamieren[1], aber eine bloß aufreihende Darstellung
trägt zum Verständnis oft wenig bei. Ohne Systematik
ist nicht auszukommen, nur daß, wie J. Bleicken schreibt,
es darauf ankommt, "bei der systematischen Betrachtung den
Fluß der Ereignisse soweit im Auge zu behalten, daß die
Systematik nicht aus sich selbst heraus eine Eigendynamik
entwickelt und dann der Geschichte vorschreibt, wie sie ver-
laufen sollte"[2]. Wie der Titel schon ansagt, habe
ich mich für die systematische Darstellung entschieden und
versucht, aus den literarischen, urkundlichen und inschrift-
lichen Quellen den Lebenslauf der antiken Jüdin zu rekon-
struieren. Dazu ermutigte auch die Tatsache, daß die Quellen
die kontinuierliche Geltung bestimmter Hauptdaten der
jüdischen Tradition, eine durchgehende hellenistische Grund-
stimmung und den steten Zusammenhang der jüdischen "Ökumene"
belegen. Dennoch hat man sich das antike Judentum nicht als
Monolithen vorzustellen. Allein schon die räumliche Weite
seiner Verbreitung wie der Umfang des behandelten Zeitraums,
von der Konsolidierung der Diadochenreiche bis in die früh-
byzantinische Zeit hinein, sprechen dagegen. Daran sollen
auch die in die Darstellung immer wieder eingeflochtenen
Verweise auf Datierung und Herkunft von Quellen erinnern.
Als eigentliches Gegengewicht gegen die Verwechslung von
zusammenfassender Betrachtung und Einheitswahn ist der
geographisch-historische Rahmen gedacht, der die politische,
gesellschaftliche und kulturelle Entwicklung in Palästina,
Ägypten, Rom und Mesopotamien skizziert.

2. Die geographische Verbreitung

Im ersten Jahrhundert n. Chr. stand nicht nur allgemein fest,
daß die Juden sich über die gesamte bewohnte Welt verbreitet
hätten, was Josephus unter Berufung auf den Geographen und
Historiker Strabon (63 v. - 19. n. Chr.) hervorhebt
(Ant 14, 115; vgl. Bell 2, 398; 7, 43; Ap 2, 282), sondern
man entfaltete diesen Gemeinplatz auch in geographisch sinn-
vollen Listen (Philon Leg 281 - 283; Apg 2, 9 - 11). Zu verdanken hatte sich diese Diaspora teils Verschleppung durch
Krieg und Menschenraub, teils Auswanderung infolge politischer Umstände und wirtschaftlicher Not. Nach J. Justers
Zusammenstellung[3], die E. M. Smallwood ergänzt hat[4],
ist der Aufenthalt von Juden in folgenden Ländern bzw. histo-
rischen Landschaften nachgewiesen:

<u>Europa</u>. Italien, Sizilien, Malta, Sardinien, Spanien,
Balearen, Gallien, Germanien, Britannien, Noricum (Ostalpen-
gebiet östlich vom Inn), Pannonien (Westungarn, Burgenland
mit Wiener Becken, Jugoslawien zwischen Drau und Save),
Dalmatien, Skythien (Südrußland), kimmerischer Bosporus
(Halbinsel Kertsch), Thrakien (Nordosten der Balkanhalb-
insel), Makedonien, Mösien (auf dem rechten Ufer der unteren Donau), Griechenland.

<u>Kleinasien</u>. Lesbos, Samos, Paros, Melos, Thera, Kos,
Rhodos, Zypern, Ionien (westl. Kleinasien), Mysien (nord-
westl. Kleinasien), Lydien (westl. Kleinasien), Karien
(südl. Kleinasien), Phrygien, Pisidien (südl. Kleinasien
nördlich von Pamphylien), Pamphylien (südl. Kleinasien),
Kilikien (südöstl. Kleinasien), Lykaonien (südl. Kleinasien
nördl. von Kilikien), Kappadokien (östl. Binnenland Klein-
asiens), Galatien (zentrales Kleinasien), Bithynien
(nördl. Kleinasien), Paphlagonien (nördl. Kleinasien),
Pontos (nordöstl. Kleinasien).

<u>Asien</u>. Syrien, Mesopotamien, Babylonien, Assyrien,
Elamitis (nördl. des Persischen Golfs), Medien, Hyrkanien
(südl. des Kaspischen Meers), Arabien.

<u>Afrika</u>. Ägypten, Äthiopien (südl. von Ägypten), Libyen
(Nordafrika zwischen Cyrenaica und Africa proconsularis),
Cyrenaica (westl. von Ägypten), Africa proconsularis
(das ehemals karthagische Gebiet), Numidien, Mauretanien.

3. **Der historische Rahmen**

3.1. Das Kernland: Palästina

3.1.1. Das chronologische Gerüst

Nachdem Ptolemaios I. Soter in der Schlacht bei Ipsos
301 v. Chr. sich Coele-Syrien und Phönizien gesichert
hatte, blieb das jüdische Kernland ein Teil Ägyptens,
bis der Seleukide Antiochos III. nach der Schlacht bei
den Jordanquellen 198 v. Chr. das ganze Gebiet seinem
Reich einverleibte. Hatten offenbar Ruhe und Frieden
das Jahrhundert ptolemäischer Herrschaft gekennzeichnet,
so führte ab 175 der Versuch radikaler Kreise, Jerusalem
zu hellenisieren und zur Polis zu machen, zu massiven
innerjüdischen Auseinandersetzungen, in die die Reformer
die syrische Zentralregierung mit verwickelten, so daß
sie in einen von beiden Seiten mit äußerster Erbitterung
geführten Krieg mündeten, aus dem die Traditionalisten,
die es verstanden hatten, die religiösen Gefühle des
Volks zu mobilisieren, war doch der Tempel verunreinigt
worden, als Sieger hervorgingen. Unter dem Hasmonäer
Simon, den die Volksversammlung 140 v. Chr. als Ethnarch,
Strategen und Hohenpriester bestätigte (1 Makk 14, 41 –
43), hatte Judaea die Selbständigkeit errungen. Alexander
Jannai (reg. 103 – 76) nahm den Königstitel an[5].
Die priesterliche Familie aus Modi'in im judäischen
Bergland, welcher der Sieg über die Syrer zu danken war,
hatte sich zur Dynastie gewandelt, die sich in Auftreten
und Politik kaum mehr von den übrigen Herrscherhäusern
des Späthellenismus abhob. Aber lange sollte die Selbständigkeit nicht währen. Der Bruderkrieg zwischen
Hyrkanos und Aristobulos, den Söhnen Alexander Jannais
und Salome Alexandras, bot den Römern, eben im Begriff,
das seleukidische Reich zu liquidieren, die erwünschte
Gelegenheit, den Hasmonäerstaat in ihr Herrschaftssystem
einzubinden. Zwar bestätigten die Römer letztlich den

älteren Hyrkanos als Hohenpriester und nominelles Staats-
oberhaupt (47 v. Chr.), in Wirklichkeit jedoch stützten
sie sich auf Antipatros, den Vertrauten und bösen Geist
des Hyrkanos, und dessen Söhne Herodes und Phasael.
Ersterem glückte es, trotz allen Fährnissen und wechselnden
politischen Konstellationen, welche die römischen Bürger-
kriege mit sich brachten, zum Tetrarchen, dann zum König
und "Verbündeten und Freund des römischen Volkes" (socius
et amicus populi Romani) aufzusteigen und die Krone auch
zu behaupten (37 - 4 v. Chr.). Das Land regierte ein
Laienkönig, der die Hohenpriester nach Belieben ein-
und absetzte. Nach seinem Tod (4 v. Chr.) wurde das
Reich unter seine Erben Archelaos, Antipas, Philippos
und Salome aufgeteilt. Vereinfacht gesprochen fielen
die ganz oder hauptsächlich von Juden besiedelten Gebiete Archelaos als Ethnarchen und Antipas als Tetrarchen
zu. Im Jahre 6 n. Chr. setzte Augustus Archelaos ab und
gliederte sein Gebiet unter einem Praefectus (ab Claudius
lautete die Amtsbezeichnung "Procurator") der Provinz
Syrien an. Als eine Blüte wurde dann noch einmal die Zeit
von 41 - 44 n. Chr. erlebt, wo Agrippa I. dank der ent-
gegenkommenden Politik des Claudius fast das ganze ehe-
malige Gebiet des Herodes als König unter seiner Herrschaft vereinte. Trotz großen Hoffnungen, die sich nicht
zuletzt an der Einführung einer Ära "Freiheit Israels"
dokumentierten, gelang es weder im ersten (66 - 70) noch
im zweiten Krieg (132 - 135) gegen die Römer, deren
Herrschaft abzuschütteln. Der erste Krieg endete mit der
Zerstörung des Tempels und der Unterstellung Judaeas
unter einen proprätorischen Statthalter. Der zweite trug
statt der von Simon ben Kosiba, genannt Bar Kochba,
propagierten, als Rückkehr zur alten Ordnung verstandenen
Erlösung, die totale Niederlage ein. Selbst die Namen
Jerusalem und Judaea sollten durch die Umbenennung in
Aelia Capitolina und Syria Palaestinae aus der Erinnerung
getilgt werden. Doch allmählich besserte sich das römisch-
jüdische Verhältnis, und die Constitutio Antoniniana von
212 verlieh den Juden wie allen Reichsbewohnern das rö-

mische Bürgerrecht, bis vom ausgehenden 4. Jahrhundert an
die christlichen Kaiser unter kirchlichem Druck ihre
Rechte nach und nach beschnitten[6].

3.1.2. Territorialer Umfang und Bevölkerungszahl

Bis in die seleukidische Zeit hinein deckte sich Judaea
mit der persischen Provinz Jehud. Das Land, sich von
Bethel im Norden nach Beth-Zur im Süden, vom Jordan im
Osten nach Emmaus im Westen erstreckend, umfaßte eine
Fläche von rund 1600 km² [7]. Zum Reich Alexander
Jannais, unter dem die hasmonäische Expansions-
politik ihren Scheitel erreichte, gehörten die Küstenebene vom Kison bis zum Wadi el-'arisch mit Ausnahme von Askalon, das ganze westjordanische Bergland
von Dan bis Beerseba sowie fast das gesamte Ostjordan-
land bis nach Zoar und zum Zered[8]. Insbesondere
mußten fortan Galilaea, Idumaea und die Städte Gezer,
Joppe, Azotus, Jamnia als jüdisches Siedlungsgebiet
gelten. Nachdem Pompejus dem Hasmonäerstaat u. a. die
Küstenstädte genommen hatte, konnte Herodes noch einmal
an die hasmonäische Tradition anknüpfen. Freilich blie-
ben einerseits einzelne Gebiete außerhalb seines etwa
20.000 km² umfassenden Machtbereichs, andererseits
griff dieser auf Territorien aus, vor allem im Nordosten
(Batanaea, Trachonitis, Auranitis), die niemals Bestandteil des Hasmonäerstaates gewesen waren[9]. Nach 70
vereinigte die römische Provinz Judaea (ab 135 Palaestina)
alle Küstenstädte von Caesarea bis Raphia, Idumaea, Judaea,
Samaria, einige Städte der Dekapolis sowie Teile von Peraea
und Galilaea. Als Agrippa II. starb, wurden ihr aus seinem
Besitz noch Untergalilaea , sein Anteil an Peraea und die
Gaulanitis zugeschlagen[10]. Getreu der Neigung, die
Diokletian und seine Nachfolger entwickelten, immer kleinere
Verwaltungseinheiten zu schaffen, wurde 358 der Südteil
als Palaestina salutaris mit der Hauptstadt Petra davon
abgetrennt. Um 400 wurde das Restgebiet noch einmal auf-
geteilt in Palaestina prima und Palaestina secunda. Bei

Palaestina prima mit der Hauptstadt Caesarea verblieben
Judaea, Idumaea, Samaria und Peraea; Palaestina secunda
bildeten Galilaea, Gaulanitis und die bisher noch bei
Palaestina befindlichen Städte der Dekapolis; Hauptstadt
wurde Skythopolis[11]. Auf die Angaben der Quellen
über die Einwohnerzahl ist in aller Regel kein Verlaß.
Wie das Beispiel des Josephus zeigt, der für die Zeit um
67 n. Chr. als Bevölkerungsgröße Galilaeas drei Millionen
angibt (Bell 3, 43; Vita 235), herrschte die Tendenz zur
Übertreibung. Moderne Schätzungen schwanken zwischen einer
halben Million und fünf Millionen. Ben-David errechnet für
die Spanne zwischen der Hasmonäerzeit und der Zerstörung
des Tempels eine Gesamtbevölkerung des jüdischen Palästina
von 1 bis 1,5 Millionen bei einer Bevölkerungsdichte von
95 bis 118/km^2 [12]. Der Aderlaß durch Tod und Ver-
sklavung, den die beiden Kriege gegen die Römer mit sich
brachten, dürfte einen beträchtlichen Rückschlag der Be-
völkerungsentwicklung bedeutet haben.

3.1.3. Staatsform und Verwaltung

Erhellend für Staatsform und Verfassung in der Ptolemäer-
und Seleukidenzeit ist der Freibrief, mit dem Antiochos III.
kurz nach 200 v. Chr. den Juden Jerusalems und des dazugehörigen Umlands ihre staatsrechtliche Stellung bestätigte
(Josephus Ant 12, 138 - 143). § 142 lautet: "Alle, die zum
Volk gehören, sollen gemäß den Gesetzen ihrer Väter leben.
Ihr Ältestenrat, die Priester, Tempelschreiber und ge-
weihten Sänger sollen von der Kopfsteuer, Kranzsteuer und
Salzsteuer befreit sein." Demnach ist Judaea ein Tempel-
staat - Josephus hat wohl selbst dafür den Terminus technicus
"Theokratia" erfunden (Ap 2, 165) - wo die Priesterschaft
durch ihre Steuerbefreiung als privilegierte Schicht aus-
gewiesen ist. An der Spitze steht ein Senat oder Ältestenrat (γερουσία), der sich aus dem Adel rekrutiert[13].
Zwar trat er, wie das Briefformular (1 Makk 12, 6) und die
Münzlegenden[14], die den Hohenpriester vor dem Ältestenrat nennen, übereinstimmend bekunden, unter den Hasmonäern

in seiner Bedeutung zugunsten des monarchischen Prinzips
zurück. Gleichwohl blieb er das Zentrum der politischen
Macht der Aristokratie, die erst Herodes brach, indem er
zahlreiche Mitglieder hinrichten ließ und die gelichteten
Reihen mit ihm ergebenen Anhängern wieder auffüllte[15].
Daneben berief sich Herodes aus Würdenträgern seines Hofs
("Freunden und Verwandten", Josephus Ant 16, 241; Bell 1,
494; vgl. Ant 15, 173) einen eigenen Staatsrat[16].
Unter wechselnden Bezeichnungen (Synhedrion, Bule, Älteste)
existierte diese Körperschaft bis zum Ende des Zweiten
Tempels, in ihren Rechten allerdings eingeschränkt durch
die Prärogativen der römischen Statthalter. Wenn Claudius
im Jahre 45 seinen Brief, der bestätigt, daß er die Bitte
einer jüdischen Gesandtschaft, den hohenpriesterlichen
Ornat wieder den Juden zur Aufbewahrung zu überlassen, erfüllt habe, adressiert "an die Herrschenden, den Rat
(βουλή) und das Volk (δῆμος) der Jerusalemer sowie an das
ganze Volk (ἔθνος) der Juden" (Josephus Ant 20,11), dann
muß der Kaiser diesen "Rat" als die repräsentative Körperschaft Judaeas betrachtet haben, als dessen Hauptstadt
Jerusalem galt, obwohl der Vertreter Roms in Caesarea
maritima residierte. In der Wiederaufbauphase sammelte
Rabban Johanan ben Zakkai nach 70 in Jamnia/Jabne, einer
Stadt in der Küstenebene, Rabbinen um sich, aus deren
Kreis ein Selbstverwaltungsgremium בֵּית דין הגדול ("großes Gericht") hervorging, das sich als Nachfolger des aristokrati-
chen Synhedrions verstand. Allmählich zogen diese Institution
und ihr Präsident, der als Patriarch (Nasi) fungierte, mit
römischer Duldung Aufgaben des früheren Ältestenrats an sich,
darunter die Festlegung des Kalenders, eines Garanten des
jüdischen Zusammenhalts, und die Jurisdiktion[17]. Der
zweite Krieg verschob den Schwerpunkt jüdischen Lebens nach
Galilaea, wohin ihm Synhedrion und Patriarch folgten, nun-
mehr von den Römern als Selbstverwaltungsorgane offiziell anerkannt. Der Patriarch, der jetzt alle im römischen Reich lebenden Juden vertrat, hatte das Recht auf eine eigene Steuer
(aurum coronarium) und war als vir illustris fest in der römischen Ämterhierarchie verankert[18].

Hinsichtlich der Verwaltungsgliederung markiert das Ende des
ersten Krieges gegen die Römer die Wende. War sich bis dahin
die von den Hasmonäern geschaffene Einteilung des Landes in
Bezirke (τοπαρχίαι), die in den fünf Provinzen (μερίδες)
Judaea, Idumaea, Samaria, Galilaea, Peraea zusammengefaßt
wurden, im Prinzip gleich geblieben, so wurde von jetzt ab
Judaea bzw. Palaestina mit einem immer dichter werdenden
Netz städtischer Territorien überzogen. Der Unterschied
zwischen hellenistischen Städten und jüdischem Siedlungsgebiet, wo man allenfalls die Vororte als Städte ansprechen
konnte, ebnete sich ein. Auch auf den unteren Ebenen scheint
sich das dyarchische Prinzip, das Nebeneinander von Selbst-
verwaltungsorganen und Beamten des Gesamtstaates, wie wir
es schon aus ptolemäischer und seleukidischer Zeit kennen,
fortgesetzt zu haben. Die Angelegenheiten der Dörfer, in
hebräischen Quellen meist "Städte" genannt, leiteten sieben-
köpfige Gremien[19] neben einem Regierungsbeamten, der
in herodianischer Zeit nach ägyptischem Vorbild die Amtsbezeichnung "Dorfschreiber" (κωμογραμματεύς) führte[20].
Distriktsräte - das waren wohl die verschiedentlich erwähnten
aus dreiundzwanzig Mitgliedern bestehenden Synhedrien[21] -
existierten neben den Distriktgouverneuren. Die jüdisch-
römischen Kriege brachten allerdings zwei einschneidende
Änderungen mit sich. Auf der einen Seite wurden die Selbst-
verwaltungskörperschaften, denen ja gewöhnlich die Rechtsprechung oblag, mehr und mehr von den Rabbinen beherrscht,
andererseits traten gerade zu dieser Rechtsprechung die römischen Gerichte in Konkurrenz.

3.1.4. Gesellschaft

In seiner "Gegen Apion" betitelten Schrift, mit der er gängige
antijüdische Vorurteile zu widerlegen gedachte, schreibt
Josephus (1, 60): "Wir bewohnen kein Land am Meer. Auch haben
wir keinen Gefallen am Handel, noch am Verkehr mit anderen,
der sich durch ihn ergibt. Unsere Städte sind weit vom Meer
entfernt erbaut. Vielmehr bearbeiten wir dieses gute Land,

das uns zugeteilt wurde". Mag diese Feststellung auch nur der
Lage entsprechen, die Pompejus mit seiner Abtrennung des Küsten-
streifens vom Hasmonäerstaat geschaffen hatte, so gibt sie
doch richtig wieder, daß bis weit in die christliche Zeit
hinein die Landwirtschaft die ökonomische Basis des Landes
bildete[22].

Das Land gehörte teils Großgrundbesitzern, die es durch Pächter
bewirtschaften ließen, teils befand es sich im Besitz von Klein-
bauern, die oft nicht über mehr als 2,5 ha, manchmal über noch
weniger verfügten[23]. Arbeitskräfte waren Familienange-
hörige, freie Landarbeiter und in geringem Ausmaß auch Sklaven.
Einen Hinweis auf den Stand der Landwirtschaft dürfte die Tatsache geben, daß die Rabbinen mit den von den antiken Landwirt-
schaftstheoretikern wie Varro und Columella beschriebenen
und empfohlenen Techniken vertraut waren. Im Gefolge der fort-
schreitenden Urbanisation entwickelten sich Handwerk, Gewerbe
und Handel. Schließlich machten sie neben Größe, Synagoge,
Markt, Wasserversorgung, öffentlichen Einrichtungen und Be-
hörden die Kennzeichen einer Stadt aus[24]. Nennt Ben Sira
die Berufe Siegelschneider, Sticker oder Weber, Maler sowie
Schmied und Töpfer, die er übrigens mit der Stadt verbindet
(Sir 38, 27 - 34), so läßt sich gegen Ende der hier behandelten Epoche eine starke Spezialisierung beobachten.
Wie weit sie ging, zeigt etwa, daß sich mit der Herstellung
von Bekleidung Wollkämmer, Färber, Weber, Walker und Wäscher,
Schneider, Weber und Sticker mit Silber- und Goldfäden, Gerber,
Sandalenmacher, Schuhmacher und Riemenmacher befaßten[25].

Über einer Mittelschicht von Bauern, Handwerkern und Gewerbe-
treibenden, wo sich aber das Verhältnis immer mehr zugunsten
der beiden letztgenannten Gruppen verschob, erhob sich der
priesterliche Adel, zum Teil in Städten wohnende Großgrund-
besitzer und das Beamtentum, das man auch als "Bildungsadel"
bezeichnen könnte. Diese Oberschicht war den meisten Veränderungen unterworfen. Zum einen wurden sie bewirkt durch den
Wechsel der Herrschaft von den Hasmonäern zu Herodes und den
Verlust der Eigenstaatlichkeit, zum anderen mußte nach der

Zerstörung des Tempels die Priesterschaft ihre Führungsrolle
an die Aufsteigerschicht der Rabbinen abtreten, welche die
jüdischen Überlieferungen unter dem Ordnungsprinzip der Tora
sammelten, bewahrten, weiterbildeten und lehrten. Den
untersten Rang besetzten die Lohnarbeiter, die entweder für
eine bestimmte Zeit oder eine bestimmte Arbeit angeworben
wurden, und die Sklaven (Josephus Bell 4, 508; T Pea 4, 10),
zumeist fremder Herkunft (vgl. aber auch Josephus Ant 16, 1 - 5).
Die Essener lehnten die Sklavenhaltung ab (Josephus Ant 18, 21;
vgl. Philon Prob 79). Politischer Einfluß eignete nur der Oberschicht. Die Diskrepanz zwischen tatsächlicher Bedeutung der Mittelschicht und ihrer Möglichkeit, in das "städtische" Leben ge-
staltend einzugreifen, faßt Ben Sira in die Worte:

> "Ohne sie kann keine Stadt erbaut werden,
> und sie müssen nicht Fremdlinge sein und
> auch nicht umherziehen.
> Aber in der Volksversammlung werden sie nicht befragt.
> Auch ragen sie in der Gemeinde nicht hervor,
> auf dem Richterstuhle sitzen sie nicht,
> und die festen Satzungen des Urteils kennen sie nicht,
> und in Weisheitssprüchen sind sie nicht bewandert"

(Sir 38, 32 f.; Übersetzung nach G. Sauer, JSHRZ III 5).

3.1.5. Religion und Kultur

Bis 70 n. Chr. bildete der Jerusalemer Tempel den Mittelpunkt
jüdischen religiösen Lebens. Mit seinem minutiös geregelten
Kult, mit seinen Opfern und Gebeten, die die Priester verant-
worteten, bildete er das Weltgeschehen symbolisch ab, wie er
auch dessen richtigen Verlauf garantierte[26]. So nimmt
es nicht wunder, daß in manchen Kreisen die Hoffnung auf die
Wiedererrichtung des Tempels und die Wiederaufnahme des Kults
erst nach dem Desaster von 135 erlosch, ja unter Julianus
Apostata (Alleinherrscher 361 - 363), von Plänen des Kaisers
inspiriert, noch einmal aufflammte. Da aber allein schon der
Entfernung und der dadurch bedingten Reisekosten wegen die

persönliche Teilnahme am Tempelgottesdienst selbst bei den
in Palästina lebenden Juden zu den Ausnahmefällen zählte,
verbreiteten sich schon zur Zeit des Zweiten Tempels die vermutlich im babylonischen Exil entstandenen Synagogen auch da,
um als Stützpunkte des Gemeindelebens zu dienen, wo man insbesondere am Sabbat, dessen mit Arbeitsruhe gepaarte Feier den
Nichtjuden auffiel (z. B. Agatharchides von Knidos, 2. Jh.
v. Chr.; Stern Nr. 30 a), sie teils zur Nachahmung anregend
(vgl. Seneca, De Superstitione; Stern Nr. 186), teils zu
beißendem Spott reizend, daß man auf diese Weise den siebten
Teil seines Lebens verschleudere (Seneca, ibid.; Juvenalis,
Saturae XIV 96 ff. bei Stern Nr. 301), Gott im Gebet anrief,
ihn pries und Belehrung in den heiligen Schriften empfing.
Ihnen war es zu verdanken, daß das Ende des Tempelkults das
religiöse Leben zwar erschütterte, aber nicht zerstörte.

In der Architektur herrschte der hellenistisch-römische Stil
mit lokalen Abwandlungen[27]. Gegenüber der bildenden
Kunst, der eigentlich das Verbot Ex 20, 4; Deut 5, 8, entgegen-
stand, dürfte ursprünglich eine duldsame Richtung mit einer
strengen konkurriert haben. Während Ben Sira (um 190 v. Chr.)
arglos den Maler als rühmlichen Bürger der Stadt erwähnt
(Sir 38, 27), entfernten junge Leute auf Anstiften der Gelehrten
gewaltsam den goldenen Adler, den Herodes am Tempel hatte an-
bringen lassen (Josephus Bell 1, 650 f.), und die Tierplastiken
im Palast des Herodes Antipas in Tiberias fielen im ersten
römischen Krieg Eiferern zum Opfer (Josephus Vita 65). Vor
allem schmückten die galiläischen Synagogen des 4. bis 6. Jahr-
hunderts Skulpturen und Mosaike, auf denen selbst der Sonnen-
wagen oder David als Orpheus nicht fehlte[28]. Auch die
Nekropole von Bet-Schearim weist zahlreiche Reliefs und
Plastiken auf (s. BS 3, 275 - 286 und die beigegebenen Tafeln).
Die Überlieferung datiert den Sieg der allgemein positiven
Einstellung in das 3. Jh. n. Chr. (j AZ 42 d, 34 f.;
b AZ 44 b). Legitimiert wird der Umschwung dadurch, daß man

die Pointe des Bilderverbots im Verehrungsverbot sah (Targ Ps.
Jonatan zu Lev 26, 1). Die Oberschicht schreckte vor einem
Theaterbesuch nicht zurück (Josephus Ant 19, 332 - 334).
Selbst für eine jüdische Stadt wie Sepphoris ist ein Theater
aus dem 2./3. Jh. n. Chr. archäologisch nachgewiesen[29].
Judaea/Palaestina war dreisprachig: Hebräisch, Aramäisch und
Griechisch. Trotz seiner unübersehbaren Verbreitung wurde
letzteres literarisch durch die rabbinische Literatur er-
drückt. Was sich an literarischen Zeugnissen erhalten hat,
schlüsselt folgende Übersicht auf. Sie wie die übrigen Lite-
raturtabellen dienen gleichzeitig dazu, einen ersten Eindruck
von Datierung und Heimat der Quellen zu vermitteln.

Zeit	hebräisch	aramäisch	griechisch
vor 301		Astronomisches Henochbuch (=Äth Hen 72-82)	
301 - 198 v. Chr. (Ptolemäerzeit)	Brief Jeremias (Traktat gegen Götzendienst)	Testamentum Levi Buch der Wächter (= Äth Hen 1 - 36)	
198 - 175 (Seleukidenzeit - Beginn der Auseinandersetzungen um die hellenistische Reform)	Ben Sira (Spruchweisheit)	Tobit (weisheitlich-belehrend) [30]	

Zeit	hebräisch	aramäisch	griechisch
175 - 140 (bis zur Erringung der Selbständigkeit unter den Hasmonäern)	Bel und der Drache (gegen fremde Kulte) Daniel Jubiläenbuch (Midrasch über Gen - Ex 14)	Buch der Träume (= Äth Hen 83 - 90)	Susanna ("weiser Richter) griech. Estherbuch (Roman) Pagenwettstreit (3 Es 3,1-5,3) [34]
140 - 63 (Hasmonäerzeit)	Kriegsrolle (eschatologisch ausgerichtete Kriegswissenschaft) Gemeinschaftsregel (richtiges Verhalten) Tempelrolle (richtiges kultisches Verhalten) 1. Makkabäerbuch (Geschichtsschreibung) Damaskusschrift (richtiges Verhalten) Judith (Roman) Hodajot (psalterähnlich) Pescharim (aktualisierende Bibelauslegungen)	Buch der Riesen (zum Henochzyklos) Henochbrief (= Äth Hen 91 - 108) Äth Hen (Endfassung)	Theophilos (Geschichtsschreibung) Baruch (Erbauungsschrift) Philo epicus (Epos "Jerusalem")

Zeit	hebräisch	aramäisch	griechisch
63 v. - 4 n. Chr. (römische Provinz, ab 37 Herrschaft des Herodes)	Psalmen Salomos	Genesis-Apokryphon (Patriarchenerzählungen von Lamech bis Abraham)	
4 - 70 (73) (Herodesnachfolger, Herrschaft Agrippas I. 41 - 44, röm. Provinz, erster jüd.-röm. Krieg)	Himmelfahrt Moses (Apokalypse) Leben Adams und Evas	Targum zu Leviticus Targum zu Hiob	
70 - 135 (bis zum Ende des zweiten jüd.-röm. Kriegs)	Martyrium des Jesaja (erbauliche Erzählung) 4 Esra (Apokalypse) Bibl. Altertümer (erzählender Midrasch) Syrischer Baruch (Apokalypse)	Targum Neofiti I. (zum Pentateuch) Megillat Taanit (wann nicht zu fasten sei), 1. - 2. Jh. Megillat Antiochos ("Hasmonäerrolle"), 2. - 5. Jh.	Testament Abrahams (Midrasch vom Tode Abrahams
135 - 212 (röm.Provinz, Ausbau jüd. Selbstverwaltung, Verleihung des Bürgerrechts)	Mischna Tosefta Sifre zutta (zu Num) Abot de Rabbi Natan		

Zeit	hebräisch	aramäisch	griechisch
3. - 5. Jh. (bis zur restriktiven Gesetzgebung der Kaiser und zum Ende des Reichs)	<u>Mekilta</u> (Midrasch zu Ex) <u>Sifre Numeri</u> (Midrasch) <u>Sifre Deuteronomium</u> (Midrasch) <u>Sifra</u> (Midrasch zu Lev) <u>Mekilta des Rabbi Schim'on ben Jochai</u> (Midrasch zu Ex)	<u>Targum Onkelos</u> (Pentateuch) <u>Targum Pseudo-Jonatan</u> (oder <u>Targum jeruschalmi I</u>; Pentateuch) <u>Fragmententargum</u> (oder <u>Targum jeruschalmi II</u>; Pentateuch)	

<u>Seder Olam Rabba</u>
(Datensammlung)
<u>Seder Olam Rabba</u> (Datensammlung)

<u>jerusalemischer (palästinischer) Talmud</u>

<u>Genesis Rabba</u> (Auslegungsmidrasch)

<u>Deuteronomium Rabba</u> (Auslegungsmidrasch)

<u>Klagelieder Rabba</u> (Auslegungsmidrasch)

<u>Leviticus Rabba</u> (Homiliensammlung)

<u>Pesikta deRav Kahana</u> (Homiliensammlung)

<u>Tanchuma</u> (Homiliensammlung)

3.2. Ägypten

3.2.1. Das chronologische Gerüst

Nach Tcherikover-Fuks lassen sich in der Geschichte der ägyptischen Juden in dem hier behandelten Zeitraum drei Epochen unterscheiden: die Ptolemäerzeit (323 - 30 v. Chr.), die ihrerseits unter der Herrschaft des Ptolemaios VI. Philometor (reg. 181 - 145 v. Chr.) eine Zäsur aufweist, die frühe Römerzeit (30 v. - 117 n. Chr.) und die spätrömisch-byzantinische Zeit[32]. Kann man annehmen, daß die ersten Ptolemäer den jüdischen Bevölkerungsteil in Frieden gewähren ließen, so bezog ihn Ptolemaios VI. planvoll in seine Politik ein. Er sollte das Zünglein an der Waage zwischen Ägyptern und Griechen bilden. Juden besetzten Stellungen in Heer, Polizei und Verwaltung. Die trotz gelegentlicher Erschütterung gedeihliche Entwicklung beendete 30 v. Chr. die römische Annexion. Natürlich verloren die Juden ihre Positionen im Staatsdienst. Als Diskriminierung empfanden sie die Kopfsteuer ($\lambda\alpha o\gamma\rho\alpha\varphi\iota\alpha$), die Augustus 24/3 v. Chr. für die "nichtgriechische" männliche Bevölkerung im Alter von 14 - 60 Jahren einführte[33]. Das dadurch ausgelöste Verlangen nach ausdrücklicher Zuerkennung des Bürgerrechts stieß auf die hartnäckige Ablehnung des griechischen Bevölkerungsteils, der unter der römischen Herrschaft seine eigenen Privilegien bedroht sah. Die Spannungen machten sich in Pogromen (38 n. Chr.) und Racheakten (41 n. Chr.) Luft. Nach dem Reskript des Claudius, das einerseits den Juden ihre Rechte bestätigte, andererseits klarstellte, daß sie nicht generell das Bürgerrecht besäßen, wurde die auf Ausgleich bedachte Oberschicht durch die nationalistisch eingestellte Unterschicht aus der Führungsrolle verdrängt[34]. Die messianisch inspirierten Strömungen Palästinas schwappten auch nach Ägypten über. Wurde der 66 n. Chr. in Alexandria ausgebrochene Aufstand noch alsbald unterdrückt, so mußte Rom seine ganze Kraft aufbieten, um den Krieg von 115 - 117, der Ägypten und die Cyrenaica erfaßt hatte, zu beenden. Dementsprechend waren die Folgen. Für die nächsten 100 Jahre versank das ägyptische Judentum in der Bedeutungslosigkeit. Vom Glanz der großen Synagoge in Alexandria blieb nur die Erinnerung (j Suk 55 a, 72 ff. Bar). Erst ab dem 3. Jh. zeichnet sich wieder eine gewisse Erholung ab[35]. Allmählich aber setzte nun die Anfeindung der Juden durch das erstarkende Christentum ein, die 415 zur zeitweiligen Vertreibung der Juden aus Alexandria führte[36].

3.2.2. Verbreitung und Bevölkerungsgröße

Die Juden, die es als Flüchtlinge, Soldaten, Auswanderer und freigelassene Sklaven nach Ägypten verschlagen hatte, erstmals wohl 586 v. Chr., als die Babylonier Judäa eroberten (vgl. Jer 42 - 44), ließen sich im ganzen Land nieder. Das als Appendix II dem CPJ beigegebene Wohnsitzverzeichnis[37] nennt 49 Ortsnamen, darüber hinaus noch 14 Distrikte bzw. Regionalbezeichnungen. Ordnet man sie nach der Zahl der Nennungen, so ergibt sich für die acht meistbezeugten folgendes Bild:

1. Edfu/Apollinopolis Magna (115)
2. Leontopolis / Tell el - Jehudieh (75)
3. Alexandria (37)
4. Theben /Diospolis Magna (27)
5. Oxyrrhynchos (19)
6. Arsinoe /Krokodilopolis (15)
7. Philadelphia (12)
8. Samareia (8).

Es gab also verschieden starke Gemeinden, aber keine Ghetti, wie auch Philons Angabe, zwei von den fünf Stadtteilen Alexandrias seien von Juden bewohnt gewesen (Fl 55), nicht so verstanden werden darf. Vielmehr wohnten eben die meisten Juden in diesen beiden Vierteln. Laut Philon soll in der frührömischen Epoche eine Million Juden in Ägypten gelebt haben (Fl 43), eine zweifellos übertriebene Anzahl, denn die Juden dürften schwerlich den siebten Teil der Gesamtbevölkerung ausgemacht haben[38].

3.2.3. Rechtliche Stellung

Wohl immer genossen die Juden das Privileg, im Rahmen des Gesamtstaates "gemäß den väterlichen Gesetzen zu leben". Wir
wissen, daß sie ab dem 2. Jh. v. Chr. in politeumata (Einzahl:
politeuma, πολίτευμα) organisiert waren, d. h. in religiösen
Vereinigungen mit eigener Verwaltung und eigenen Funktions-
trägern. An der Spitze des alexandrinischen politeuma stand
der ethnarches. Vermutlich vertrat er die Gemeinschaft nach
außen und präsidierte dem Ältestenrat (γερουσία). Daneben
existierten Volksversammlung, Gericht für innerjüdische Fälle
und Archiv[39]. Zentrum des politeuma war die Synagoge
(προσευχή). Daß um die Mitte des 3. Jh. v. Chr. Synagogen
dem König gewidmet wurden, ist als Hinweis darauf aufzufassen,
daß es auch schon um diese Zeit amtliche Anerkennungen gegeben hat[40]. Wenigstens zehn Synagogen, damit wohl
entsprechend viele politeumata, sind bezeugt (Liste in CPJ I,
S. 8). An der Existenz eines alle ägyptischen Juden umfassenden politeuma dürfte der Gesamtstaat wohl kaum Interesse gezeigt haben. Das staatliche Eingriffsrecht demonstrierte
Augustus, als er 10/12 n. Chr. das Amt des Ethnarchen auf-
hob (Philon Fl 74; CPJ I, S. 57). Das alexandrinische Bürgerrecht wurde nur einzelnen zuteil.

3.2.4. Gesellschaft

Zu allen Zeiten gab es Landbesitzer und Bauern. Die Landwirtschaft bildete auch die Existenzgrundlage der Soldaten. Sollten
die diesbezüglichen Notizen in der rabbinischen Literatur tatsächlich vorrömischer Zeit entstammen[41], dann sind in
ptolemäischer Zeit als von Juden ausgeübte Berufe Töpfer, Weber,
Bäcker, Räucherwerkhersteller, Goldschmiede, Silberschmiede,
Schmiede, Kunstweber belegt (T Jom 2, 5 f.; T Suk 4, 6). Die
in der großen Synagoge von Alexandria geübte berufsständische
Sitzordnung spricht dafür, daß die Handwerker zur Stadtbevölke-
rung zu rechnen sind (vgl. auch Philon Fl 57).

Wie schon gesagt, verschwinden in römischer Zeit die königlichen Beamten, Militärsiedler und Soldaten; nur ein einzelner
Centurio ist bezeugt (CPJ Nr. 229). Nach den beurkundeten
Rechtsgeschäften zu urteilen, dürften die Landbewohner ganz
allgemein kleine Leute gewesen sein, während die wohlhabende
Oberschicht der Bankiers, Schiffseigner und Kaufleute, von der
wir jetzt hören, in Alexandria ansässig war (Philon Fl 57;
dazu CPJ I, S. 48 - 55).

3.2.5. Religion und Kultur

Solange der Tempel in Jerusalem stand, bildete er, wie für alle
Juden, den national-religiösen Mittelpunkt. Wenigstens einmal
anläßlich eines Wallfahrtsfests einen Gottesdienst besucht zu
haben, war der Wunsch eines jeden. Der im 2. Jh. v. Chr. ge-
gründete, 73 n. Chr. auf Anordnung Vespasians geschlossene
Tempel zu Leontopolis spielte allenfalls eine Rolle am Rande.
Mit Ausnahme von Josephus übergehen ihn die Quellen mit
Schweigen[42]. Der Erbauung am Heimatort diente die
Synagoge.

Die städtische Oberschicht war griechisch gebildet und er-
strebte auch die Teilhabe am jüdischen Bildungssystem (vgl. das
Reskript des Claudius in CPJ II, Nr. 153). Man sprach griechisch.
Lediglich aus der Zeit zu Beginn und am Ende des behandelten
Zeitraums liegen Zeugnisse für den Gebrauch des Aramäischen
(CPJ I, S. 30) bzw. des Hebräischen (CPJ I, S. 101 f.) vor.
Die Landbevölkerung wird sich auch des Ägyptischen bedient
haben (CPJ I, S. 44). Dem Theater gegenüber war man aufge-
schlossen. Alexander Polyhistor und Eusebios haben leider nur
Fragmente eines Exodusdramas gerettet. Philon hat Dramenauf-
führungen beigewohnt (Prob 141; Ebr 177). Im 5. Jh. soll
Pantomimentheater der Juden neben anderen angeblichen Provo-
kationen die Vertreibung der Juden aus Alexandria veranlaßt
haben (s. 3.2.1.)[43].

Zeit	Autoren und/oder Werke
Ptolemäerzeit (erste Periode: 323 - 181 v. Chr.)	<u>Septuaginta</u> <u>Ezechiel</u>, Exodus-Drama <u>Demetrios</u> (Bibelausleger) <u>Testamente der XII Patriarchen</u> (Belehrung in Form von Abschiedsreden)
Ptolemäerzeit (zweite Periode: 181 - 30 v. Chr.)	<u>Aristobulos</u> (Bibelausleger) <u>Ps. - Hekataios I</u> (Geschichtsschreiber) <u>Weisheit Salomos</u> <u>Aristeasbrief</u> (Fürstenspiegel) <u>2. Makkabäerbuch</u> (Epitome des Iason von Kyrene) <u>Aristeas</u> (Bibelausleger) <u>Artapanos</u> (Moseroman) <u>Ps. - Hekataios II</u>, Über Abraham und die Ägypter
Frühe Römerzeit (30 v. - 117 n. Chr.)	<u>Testamentum Hiob</u> (Belehrung in Form einer Abschiedsrede) <u>Ps. - Phokylides</u> (Lehrgedicht) <u>3. Makkabäerbuch</u> (erbauliche Geschichtserzählung) <u>4. Makkabäerbuch</u> (philosophische Abhandlung) <u>Slawisches Henochbuch</u> (Apokalypse) <u>Sibyllinische Orakel</u>, Bücher 3 - 5 <u>Joseph und Aseneth</u> (erbaulicher Roman) <u>Philon</u> (exegetische und thematische Schriften)
spätrömisch- byzantinische Zeit (117 - 600 n. Chr.)	<u>Griechische Baruchapokalypse</u> <u>Eliaapokalypse</u>

3.3. Rom

3.3.1. Das chronologische Gerüst

Zwar wird immer wieder einmal von spektakulären Maßnahmen gegen
die römischen Juden berichtet, doch entwickelten sich ihre Gemeinden wohl stetig aufwärts. Ausgelöst wurden solche deutlichen
Schritte in aller Regel durch Überfremdungsängste: Man sah durch
die Anziehungskraft, die die jüdische Religion oder auch nur
manches aus ihrem Brauchtum auf römische Bürger ausübte, die
römischen _mores_ in Gefahr. So war es 139 v. Chr. - die Juden
werden zum ersten Mal erwähnt -, als der Praetor peregrinus
die in Rom sich aufhaltenden Juden der Stadt verwies[44].
So war es 19 n. Chr., als Tiberius zwangsweise viertausend
Männer zum Polizeidienst auf Sardinien rekrutierte. Sie standen
letztlich auch 95 n. Chr. hinter der harten Politik Domitians,
wo man zur möglichst lückenlosen Eintreibung der Judensteuer
(s. 5.1.) nicht einmal vor der körperlichen Untersuchung von
Greisen zurückschreckte (Sueton, Domitianus 12, 2), und die
Übernahme jüdischer Sitten, erst recht der Übertritt selbst,
als "Gottlosigkeit" geahndet wurden[45], bis sich unter Nerva
(reg. 96 - 98) die Verhältnisse normalisierten.

3.3.2. Bedeutung, Zahl, rechtliche Stellung

Wie Cicero in seiner Verteidigungsrede für den ehemaligen Pro-
consul von Asia, L. Valerius Flaccus, dem u. a. auch die wider-
rechtliche Beschlagnahme eingesammelter und für den Transport
nach Jerusalem bestimmter Tempelsteuer angelastet wurde, von
den Juden spricht (Cicero, Pro Flacco 66), müssen sie 59 v. Chr.
eine respektable Gemeinschaft gewesen sein, die auch politisch,
und zwar auf Seiten der Popularen, ins Gewicht fiel[46].

Die Juden, deren Zahl durch die Massenversklavungen 62 v. Chr.
(durch Pompejus), 70 n. Chr. (durch Vespasian) und 135 n. Chr.
(durch Hadrian) und die anschließenden Freilassungen schub-

weise gewachsen sein muß, ließen sich zuerst im Ausländerviertel
Transtiberim (Philon Leg 155), später auch in Subura, Campus
Martius und Porta Campena nieder.

In der 1. Hälfte des 1. Jh. n. Chr. könnten durchaus etwa
50.000 Juden in der Stadt gelebt haben[47]. Sie hatten
sich in mehreren Synagogen bzw. Gemeinden zusammengeschlossen –
elf sind insgesamt nachgewiesen –[48], die den Status
von collegia hatten. Caesar hat ihnen ausdrücklich das Recht
zugestanden, "gemäß ihren eigenen Sitten zu leben", was u. a.
die Erlaubnis einschloß, sich in Gottesdiensten zu ver-
sammeln und die Tempelsteuer nach Jerusalem abzuführen
(Josephus Ant 14, 213 – 216; vgl. Sueton, Julius 42, 3). Nach
Philon soll bei der Erneuerung des Privilegs Augustus sicher-
gestellt haben, daß den Juden durch die Sabbatruhe keine
Nachteile im bürgerlichen Leben erwuchsen (Philon Leg 156 –
158). Jüdisches Privileg war auch, Militärdienst nur frei-
willig zu leisten[49]. Die Titel ihrer Funktionsträger
sind bekannt; was indes in ihre Kompetenz fiel, bleibt
größtenteils dunkel. Der Archisynagogos wird das Gemeinde-
oberhaupt gewesen sein. Dem Archon dürfte die Geschäftsführung
in weltlichen Dingen, wie z. B. Vertragsverhandlungen, zugefallen
sein. Der Gerusiarches präsidierte der Gerusia (Ältestenrat),
deren Mitglieder mit presbyteroi/-i gemeint sein dürften.
Unter dem Grammateus müssen wir uns wohl den Sekretär der
Gemeinde vorstellen. Daneben existieren noch einige andere
Ämter[50].

3.3.3. Gesellschaft

Hinweise auf Berufe sind selten. Wenn wir von einem Maler,
einem Metzger, einem Soldaten, Schauspieler und einem Dichter
hören, so fügen sich diese Angaben zu dem Bild des nicht eben
reichen Juden, das Juvenal und Martial entwerfen, wie zum
Sprachniveau vieler Inschriften. Andererseits beweist die
Ausstattung nicht weniger Sarkophage zweifelsfrei die Existenz
einer wohlhabenden und gebildeten Oberschicht[51].

3.3.4. Religion und Kultur

Daß ein geistiger Austausch mit dem Mutterland stattfand, zeigt
der Umstand, daß der Talmud von einem Lehrhaus weiß, das Rabbi
Mattitja ben Heresch im 2. Jh. n. Chr. geführt haben soll
(b Sanh 32 b)[52]. Die Erinnerung an einen torakundigen
Rabbi und einen Gelehrtenschüler haben ihre Grabinschriften
gewahrt (CII 333 bzw. 508).

Der bildenden Kunst gegenüber war man aufgeschlossen. Natürlich
gibt es die traditionellen jüdischen Symbole wie den sieben-
armigen Leuchter, den Schofar (am Neujahrstag geblasenes Widder-
horn) und den Toraschrein. Bei der Ausmalung der Katakomben
und der Gestaltung des Sarkophags verzichtete man aber keineswegs auf die Darstellung von Tieren (Delphine, Fische, Vögel,
Nilpferde, Pferde) und Menschen, auch nackter. Selbst die
Mythologie fand in der Gestalt von Eroten, Victoria und Fortuna
Eingang[53].

Trug man in der Hauptsache zwar lateinische Namen, so deuten
die epigraphischen Zeugnisse doch eher auf Griechisch als die
Umgangssprache der römischen Juden. Nach H. J. Leons Auf-
schlüsselung sind 76 % der Inschriften griechisch und 23 %
lateinisch abgefaßt, während hebräische, aramäische und
bilingue Inschriften lediglich ein Prozent ausmachen[54].
Schließlich hat der zwar in Palästina geborene, aber in Rom
als Schützling des flavischen Kaiserhauses lebende Flavius
Josephus seine 20 Bücher umfassende jüdische Universalgeschichte
(Archaiologia Iudaike bzw. Antiquitates Judaicae), seine Auto-
biographie und die "Gegen Apion" betitelte Apologie griechisch
geschrieben, die Geschichte des jüdisch-römischen Kriegs vom
Aramäischen ins Griechische übersetzt.

3.4. Mesopotamien/Babylonien

3.4.1. Das chronologische Gerüst

Die in Mesopotamien/Babylonien lebenden Juden, zunächst noch
unter seleukidischer Herrschaft, gerieten 240 v. Chr. größten-

teils in den Machtbereich der Arsakiden, die in Auseinander-
setzung mit den Syrern ihr Reich errichteten. Nordmesopotamien
gehörte zeitweilig zum römischen Reich. Während die Arsakiden
die jüdische Bevölkerungsgruppe planvoll in ihre Politik,
besonders gegenüber den Römern einbezogen, verschlechterte sich
das Verhältnis zum Gesamtstaat abrupt, als diese 224 n. Chr.
von den Sassaniden abgelöst wurden, die einen zoroastrischen
Einheitsstaat anstrebten. Erst unter Chosroes I. (reg. 531 -
578) besserten sich die Verhältnisse.

3.4.2. Verbreitung und Zahl

Die mesopotamisch-babylonische Diaspora geht auf die Jahre
597 bzw. 587 v. Chr. zurück, als die Babylonier Teile der jüdischen Oberschicht in das Land zwischen Euphrat und Tigris ver-
pflanzten, und verstärkte sich immer wieder durch Zuwanderung,
so vor allem 135 n. Chr., als der unglückliche Ausgang des
jüdisch-römischen Krieges, der ganz Judäa verwüstet hatte,
viele dazu nötigte, sich eine neue Heimat zu suchen, die möglichst nicht im römischen Herrschaftsbereich lag. Teils wohnte
man in Städten, teils war man in zusammenhängenden Siedlungs-
gebieten auf dem Land ansässig. Neusner schätzt die Zahl der
im sassanidischen Babylonien lebenden Juden auf rund 860.000[55].

3.4.3. Die rechtliche Stellung

Entsprechend der parthischen Feudalordnung war auch die jüdische
Selbstverwaltung feudal strukturiert mit einem "Exilarchen"
(aram. ריש גלותא resch galuta) an der Spitze, der in das parthi-
sche Verwaltungssystem voll integriert war, als Adliger Zutritt
bei Hofe hatte und die nötigen Befugnisse besaß, seine Anord-
nungen auch mit Gewalt durchzusetzen. Zwar dürfte es die
Zentralfigur des Resch Galuta erst ab der 2. Hälfte des 1. Jh.
n. Chr. gegeben haben, aber der Bericht des Josephus von den
beiden jüdischen Feudalherren Anilaios und Asinaios in Nehardea
läßt doch vermuten, daß die jüdische Selbstverwaltung schon
immer feudalistisch aufgebaut war (Josephus Ant 18, 310 - 379).
Die Machtübernahme durch die Sassaniden gliederte sie aus der

allgemeinen Staatsverwaltung aus, so daß sie fortan nicht nur
auf ihre eigene Autorität verwiesen war, sondern auch, was
die Gerichtsverfassung anbelangt, mit dem persischen Recht
zu konkurrieren hatte[56].

3.4.4. Gesellschaft

Hinsichtlich der ökonomischen Grundlage unterschied sich
Mesopotamien kaum von Palästina. In erster Linie lebte man
von der Landwirtschaft, dann, vor allem in den Städten, auch
vom Handwerk. Einige wenige waren am internationalen Seiden-
handel beteiligt[57]. Bauern und Handwerker machten denn
auch das Gros der jüdischen Bevölkerung aus und bildeten die
untere Mittelschicht. Ihre Angelegenheiten sind es, die die
Gerichte gewöhnlich verhandelten[58]. Die Unterschicht
setzte sich aus Lohnarbeitern und Sklaven, jüdischen wie
nichtjüdischen, zusammen. Am meisten der parthischen Gesellschaft akkulturiert war die Oberschicht[59], während man
sonst stark hellenistisch beeinflußt war.

3.4.5. Religion und Kultur

Obwohl man weiterhin mit dem Kernland in steter Verbindung
stand, entwickelten sich in Mesopotamien eigene Traditionen
religiösen Lebens. Der synagogale Ritus und die Form der Ge-
bete sollten später in den Westen zurückstrahlen.

Die reich ausgemalte, aus dem 3. Jh. n. Chr. stammende Synagoge von Dura-Europos, ein Breithausbau mit Aedicula für den
Toraschrein[60], läßt keine Zurückhaltung gegenüber der
Darstellung von Menschen erkennen. Die Toten, die nach Ez 37
wiederbelebt werden, liegen nackt auf der Erde; auch die
pharaonische Prinzessin holt nackt den kleinen Mose aus dem
Nil (Tafeln bei Kraeling). Die vorkommenden mythologischen
Gestalten wie Persephone und Psyche gehören zum formen-
sprachlichen Vokabular.

Die mesopotamischen Juden waren viersprachig: Man sprach
aramäisch, griechisch, iranisch und hebräisch. Wie Josephus
nahelegt, dessen Geschichte des jüdischen Kriegs zuerst in
Mesopotamien bekannt wurde, weil er sie auf aramäisch geschrieben hatte (Bell 1, 3.6), war vorherrschende Verkehrs-
sprache das Aramäische, dessen Wortschatz nach Ausweis des
babylonischen Talmuds von griechischen Lehnwörtern geradezu
überbordet war. Das stimmt mit dem Befund von Dura-Europos
überein, wo 19 griechischen und 15 mitteliranischen
22 aramäische Inschriften gegenüberstehen[61]. Volkstüm-
liche und liturgische Texte, die der babylonische Talmud
auf hebräisch überliefert, lassen auf die Kenntnis des
Hebräischen in einer Form schließen, die dem in Palästina
gesprochenen Hebräisch nahestand.

Wenn Deselaers damit recht hat, daß das Buch Tobit in
Palästina entstanden ist, eine Meinung, der wir uns oben
angeschlossen haben (s. Anm. 30), dann besteht das literarische
Erbe des mesopotamischen antiken Judentums einzig und allein
aus dem babylonischen Talmud, der in seiner Bedeutung für
die jüdische Existenz allerdings die gesamte übrige literarische Produktion nach der Bibel hinter sich lassen sollte.
Ähnlich der Bibel stellt er eigentlich eine Bibliothek dar,
deren Wachstum erst im 8. Jahrhundert endete[62]. So lassen
sich z. B. als Einzelwerke isolieren: ein Traumbuch, das
sich stark an das Oneirokritikon des Artemidoros von Daldis
anlehnt (b Ber 55 a - 57 b), und ein Auslegungsmidrasch zum
Estherbuch (b Meg 15 b - 17 a).

4. Die Namen

Im Namen, der in der Regel das Geschlecht des Trägers erkennen läßt, kommt das Verhältnis der Person zur Umwelt
in besonderer Weise zum Ausdruck. Er verbindet die private
mit der öffentlichen Sphäre. Obwohl er einerseits das Indi-
viduum kennzeichnet, unterliegt er andererseits nur in
ganz geringem Maß der Selbstbestimmung. Die Namengebung
hängt ab von Kulturkreis, Zeit und Gesellschaftsschicht und
ist nicht zuletzt modischen Tendenzen unterworfen. Den Namen
führte man, auch die jüdische Frau, die ihn bei der Geburt
erhielt, lebenslang. Eine Änderung konnte lediglich gesell-
schaftlicher Auf- und Abstieg, wie Freilassung oder Ver-
sklavung, Verleihung des Bürgerrechts, Adoption oder ähn-
liches bewirken, nicht aber der Anlaß, der uns am geläufigsten
ist: die Heirat. Personen, die in zwei Kulturkreisen be-
heimatet waren, behalfen sich mit dem Signum, d. h. sie
verbanden den Namen, den sie an dem einen Ort führten,
durch ὁ/ἡ καί (lat. qui/quae et) mit dem Namen, unter dem
sie an dem anderen Ort bekannt waren, z. B. Θεοδώρα ἡ καὶ Σαρα
(762), "Theodora, die sonst auch Sara heißt". Da es sich bei
mehrgliedrigen Namen eigentlich immer um Namen römischer
Herkunft handelt, ist es bei sonstigen Doppelnamen oft
zweifelhaft, ob sie als solche zu zählen oder den Signa
zuzurechnen sind, z. B. Ιωαννα Ευφροσυνη , zumal der
zweite (griechische) Name den ersten (hebräischen) nur um-
schreibt (729). Individualname ist bei mehrgliedrigen Namen
immer der letzte Bestandteil. So heißt Flavia Aphrodisia
(708) eigentlich Aphrodisia, während Flavia ihre Beziehung
zur gens Flavia, dem Geschlecht der Flavier, ausdrückt,
in die sie wahrscheinlich durch ihre Freilassung durch
einen der flavischen Kaiser Vespasian, Titus, Domitian
getreten ist.

Von 660 Frauen mit einfachem Namen, der also dominiert
(85,8 %), tragen

230 einen griechischen Namen	=	34,8 %
183 einen hebräischen Namen	=	27,7 %
140 einen lateinischen Namen	=	21,2 %
80 einen aramäischen Namen	=	12,1 %

11 einen kleinasiatischen Namen =   1,7 %
 8 einen palmyrenischen Namen   =   1,2 %
 5 einen ägyptischen Namen   =   0,8 %
 3 einen sonstigen Namen   =   0,5 %

Zählt man zu den 230 Frauen mit einfachem griechischen
Namen die 36 Frauen hinzu, deren Individualname im mehrgliedrigen Namen griechisch ist, kommen wir auf 266
Personen = 34,6 % (von 769 erfaßten Namensträgerinnen),
deren Namen darauf schließen lassen, daß sie dem
griechischen Kulturkreis akkulturiert waren. Nach dem
nämlichen Berechnungsmodus ergibt sich für 184 Frauen =
23,9 % eine Akkulturation an den römischen Kulturkreis.

Für eine feste Verwurzelung in der hebräisch-aramäischen
Tradition dürfte sprechen, wenn sowohl der Name als auch
die Schrift semitisch sind. Unter Einschluß der palmyrenischen Belege handelt es sich um 144 Frauen = 18,7 %.
Anders fällt das Ergebnis aus, wenn wir nach den Namen
fragen, die ein Bekenntnis zum Judentum ausdrücken. Aus-
zugehen ist dann von

   183 einfachen hebräischen Namen
    80 einfachen aramäischen Namen
    11 lateinisch-hebräischen Doppelnamen
     2 hebräisch-lateinischen Doppelnamen (Signa?)
     2 hebräisch-griechischen Doppelnamen (Signa?)
     1 aramäisch-aramäischen Doppelnamen (Signum?)
     1 lateinisch-lateinisch-aramäischen Namen
     1 lateinisch-lateinisch-hebräischen Namen
     1 hebräisch-griechisch-griechischen Namen
     4 Signa mit hebräischem Bestandteil
     1 Signum mit aramäischem Bestandteil.

Demnach läßt sich aus 287 Namen = 37,3 % ein Bekenntnis
zum Judentum erschließen, indem die Trägerinnen sich
<u>sofort</u> als Jüdinnen zu erkennen gaben. Es darf nämlich
umgekehrt nicht geschlossen werden, daß die Trägerinnen
anderer Namen dem Judentum gleichgültig gegenübergestanden
hätten. Insbesondere gilt das für die keineswegs seltenen

Individuen mit theophoren oder mythologischen Namen, von
denen folgende begegnen:

Althaia (Althea)	- Mutter des Meleagros (Ovid, Metamorphosen 8, 477 ff.)
Andromache	- Hektors Frau
Apollonia	- "die zu Apollon (dem griechischen Gott des Lichts) Gehörende"
Artemidora	- "Geschenk (der griechischen Jagdgöttin) Artemis"
Asklepiodote	- "die von Asklepios (dem griechischen Gott der Heilkunst) Geschenkte"
Aphrodisia	- "die zu Aphrodite (der griechischen Göttin der Liebe) Gehörende"
Daphne	- Geliebte des Apollon
Diogenis	- "die von Zeus Stammende"
Diodora	- "Geschenk des Zeus"
Dionysia/Dionysias	- "die zu Dionysos (dem griechischen Gott des Weins und der Natur) Gehörende"
Euterpe	- Muse des Flötenspiels
Gorgonia/Gorgoneis	- "die zu den Gorgonen (weiblichen Ungeheuern im Westen des Okeanos) Gehörende"
Helene	- Frau des Menelaos
Herakleia	- feminine Form von Herakles
Hermione	- Tochter des Menelaos und der Helene
Isidora	- "Geschenk der (ägyptischen Göttin) Isis"
Kalliope	- Muse der epischen Dichtung
Pallas	- Beiname der griechischen Göttin Athene
Urania	- Muse der Sternkunde
Venus (Benus)	- römische Göttin der Liebe
Zenobia	- "die von Zeus Stammende"
Zenodora	- "Geschenk des Zeus".

Derartige Namen waren zweifellos ein Tribut an den Zeitgeist oder wurden wegen ihres empfundenen Wohlklangs gegeben.

Über die Beliebtheit griechischer Namen gibt folgende Tabelle Aufschluß. Aufgenommen sind alle Namen, die mehr als einmal vorkommen, sofern sie einfache Namen, der letzte Teil eines mehrgliedrigen Namens oder Bestandteil eines Signums sind:

Rangstufe	Name	Häufigkeit
1	Eirene (Irene)	13
2	Alexandra Theodora	8
3	Aster Berenike	6
4	Dionysia/Dionysias Eulogia Sirika, Sirikia, Sirikusa	5
5	Alexandria Beronike/Beronikenis Kypros Kyra/Kyria Kyrilla Tryphaina	4
6	Anastasia Aphrodisia Demo Euodia/Euodus Herakleia Hesychion/Hesychis	3

Rangstufe	Name	Häufigkeit
	Kalliope	
	Zotike	
7	Antigona	2
	Apollonia	
	Arsinoe	
	Asklepiodote	
	Asteria	
	Berutarion	
	Daphne	
	Doris	
	Dorkas	
	Dosarion	
	Elpis	
	Erotion	
	Eumathia	
	Euphrosyne	
	Eusebeia/Eusebis	
	Eutychia/Eutycheis	
	Helene	
	Isidora	
	Krokos	
	Margarita	
	Philus	
	Pontiane	
	Prota/Protus	
	Sappho	
	Theodote	
	Theophila	
	Trophime	
	Tryphera	
	Zenobia	
	Zoila	

Der Beliebtheitsgrad lateinischer Namen läßt sich aus nachstehender Tabelle ablesen. Sie enthält alle Namen, die

öfter als einmal vorkommen, sofern sie einfache Namen,
letzter Teil eines mehrgliedrigen Namens oder Bestandteil
eines Signums sind.

Rangstufe	Name	Häufigkeit
1	Faustina	9
2	Julia	7
3	Severa	5
4	Justa/Justissima Marcella Marcia Procla Sabina/Sabinilla	4
5	Asella Crescentina Dulcitia Domitia/Domitilla Domna Felicitas Flavia Marciana Rufina	3
6	Antonina Attio(n) von Attius Catella Felicissima Gaudentia Juliana Leontia Marina Matrona Maxima	2

Polla

Pretiosa

Prima

Quinta/Quintilla

Simplicia

Valeria

Die öfter als einmal vorkommenden hebräischen und aramäischen
Namen (einschließlich Nebenformen) ergeben, nach Häufigkeit
geordnet, folgendes Bild:

Rangstufe	Name	Häufigkeit
1	Mirjam	78
2	Schalom/Salome	31
3	Sara	29
4	Sabbatis	19
5	Martha	17
6	Schelamzion	14
7	Channa/Anna	10
8	Esther Jochana	9
9	Schappira/Sapphira	8
10	Rebekka	5
11	Rachel Susanna	3

12   Debora   2
            Elisabeth
            Lea
            Menachama
            Ruth
            Salamath
            Tabitha

Folgende fünfzehn Namen, nach Häufigkeitgeordnet, sind der
Bibel entnommen:

Name		Bibelstelle
Mirjam	(78)	Ex 15, 20
Sara	(29)	Gen 17, 15
Channa	(10)	1 Sam 1, 2
Esther	(9)	Est 2, 7
Rebekka	(5)	Gen 22, 23
Rachel	(3)	Gen 31, 38
Debora	(2)	Ri 4, 4
Elisabeth	(2)	Ex 6, 23
Lea	(2)	Gen 29, 16
Ruth	(2)	Ru 1, 4
Thamar	(1)	Gen 38, 6
Judith	(1)	Gen 23, 34
Milka	(1)	Gen 11, 29
Noomi	(1)	Ru 1, 3
Sulamith	(1)	Lev 24, 11

Weitere zehn Namen sind von biblischen männlichen Personen-
namen abgeleitet:

Name	männliche Form	Bibelstelle
Sabbatis (19)	Schabbetai	Es 10, 15
Jochana (9)	Jochanan	2 Kön 25, 23
Menachama (2)	Menachem	2 Kön 15, 14
Juda (1)	Juda	Gen 29, 35
Isakus (1)	Isaak	Gen 17, 17
Michaela (1)	Michael	Num 13, 13
Nethanion (1)	Nathan	2 Sam 7, 2
Immarta (1)	Immer	Jer 20, 1
Matthaia (1)	Mattitja	Neh 8, 4
Salomonula (1)	Salomo	2 Sam 5, 14

Ohne Berücksichtigung der sprachlichen Herkunft kann man
folgende Rangliste der fünfmal und öfter vorkommenden
Namen erstellen:

Rangfolge	Name	Häufigkeit
1	Mirjam	78
2	Schalom/Salome	31
3	Sara	29
4	Sabbatis	19
5	Martha	17
6	Schelamzion	14
7	Eirene/Irene	13
8	Channa	10
9	Esther	9
	Jochana	
	Faustina	
10	Alexandra	8
	Schappira/Sapphira	
	Theodora	

Rangfolge	Name	Häufigkeit
11	Julia	7
12	Ammia(s)	6
	Aster	
	Berenike	
13	Dionysia/Dionysias	5
	Eulogia	
	Rebekka	
	Severa	
	Sirika/Sirikia/Sirikusa	

Leider ist die Datierung meist zu unsicher oder zu grob, als
daß man zeitlich wechselnde Vorlieben erkennen könnte. Geographisch sind jedoch für einige Namen bzw. Namensformen
durchaus Schwerpunkte auszumachen. So sind Mirjam und
Mariamme für Palästina bezeugt, während Marion die ägyptische Form dieses Namens ist. Auch Schalom/Salome und Martha
sind palästinische Namen. Schelamzion und Schappira/Sapphira
kann man geradezu als jerusalemische Namen bezeichnen.
Andererseits kommen die lateinischen Namen hauptsächlich
in Rom vor. Schon allein die Namen, ihre Formen und ihre
Schreibung würden zu der Aussage berechtigen, das Judentum der fraglichen Zeit sei hellenistisches Judentum
gewesen.

5. **Die Kindheit**

5.1. Die rechtliche Stellung

Die Bestimmung über den "widerspenstigen Sohn" von Deut 21, 18
verstehen sowohl Josephus als auch Philon, d. h. sowohl
Juden, die in palästinischer Tradition aufgewachsen sind,
als auch solche, die im griechisch-ägyptischen Umfeld leben,
in Analogie zur römischen patria potestas (Philon SL 2, 232;
Josephus Ant 4, 260 ff.; Ap 2, 206.217). Wenn Josephus
expressis verbis die Tochter subsumiert (Ant 4, 263), so
spricht er nicht allein damit aus, was sonst a fortiori
zu folgern wäre, sondern verweist darüber hinaus auf die Tatsache, daß sich im 1. Jh. n. Chr. im Judentum eine Rechts-
auffassung einer patria potestas herausgebildet hatte, die
allerdings, sofern es sich um ihre letzte Konsequenz, die
Verfügung über Leben und Tod, handelte, eine bestimmte Ver-
fehlung sowie den übereinstimmenden Willen beider Eltern-
teile zur Bestrafung voraussetzte. Noch das tannaitische
Recht gestand dem Vater zu, seine Tochter als Sklavin zu
verkaufen (M Ket 3, 8 im Anschluß an Ez 21, 7).

Eine Kindesaussetzung, wie unter Griechen und Römern
üblich, von der insbesondere Mädchen betroffen wurden,
war demnach kaum denkbar. Das nämliche gilt von der Ab-
treibung. Ob Theorie und Praxis sich deckten, ist angesichts des Geschlechterverhältnisses (s. 6.10) allerdings
fragwürdig. Obwohl die Tora kein diesbezügliches Gebot enthält, wurde eine solche Tat einmütig als gegen göttliches
Recht gerichtet qualifiziert (Philon SL 3, 110; Virt 131;
Josephus Ap 2, 202; Sib 3, 765), so daß jüdisches Verhalten sich dem hellenistischen Philosophen, der innerhalb eines Idealstaatsentwurfs den Entvölkerungstopos be-
handelte[63], als leuchtendes Vorbild anbot (Hekataios
von Abdera; Stern S. 26; Reinach S. 14). Die angeführten
Texte geben auch durchaus zu erkennen, daß man sich hierin

des Unterschieds zur Umwelt wohl bewußt und darauf stolz
war.

Das Recht auf Leben war also anerkannt. Aber es war auch
sittliche Pflicht des Vaters, den Töchtern bis zur Volljährigkeit, die bei zwölfeinhalb Jahren lag (M Nid 5, 6;
ARN 16), Wohnung und Nahrung zu gewähren (T Ket 4, 8;
b Ket 49 b Bar). Im Todesfall des Vaters ging die Verpflichtung in ein Recht über, das dem Erbrecht der Söhne
gleichgestellt ist. Manche Autoren neigen dazu, diesem
Recht gegenüber den Erbansprüchen von Söhnen den Vorrang
einzuräumen für den Fall, daß das hinterlassene Vermögen
nicht zur Befriedigung beider ausreicht (M Ket 4, 11;
11, 3), wohl aus der Erwägung heraus, daß dem Knaben der
selbständige Lebensunterhalt leichter fällt. Das Recht
auf Unterhalt war also auch anerkannt. Seine Kinder nicht
recht zu versorgen und zu erziehen, gilt auch dem Aristeas-
brief als größte Nachlässigkeit (248). Freilich erlebte
in einer patriarchalischen Gesellschaft, die den gottge-
wollten Familienerhalt (Philon Jos 42; Mos 1, 28;
T Jeb 8, 4) in der männlichen Linie sah (Ps - Phok 175),
nicht jeder Mann die Geburt einer Tochter mit Freude
(b B bat 16 b). Aber für solche Situationen hatte man
wohl tröstliche Sprüche zur Hand wie: "Ein alter Mann im
Haus ist eine Last, eine alte Frau im Haus ist ein
Schatz" (b Ar 19 a).

Einen Beitrag eigener Art zur rechtlichen Würdigung kind-
lichen Lebens und Aufhebung geschlechtsspezifischer
Privilegien leistete die römische Gesetzgebung, als sie
die Tempelsteuer in die Kasse des Iuppiter Capitolinus
umleitete. Unterlagen laut Ex 30, 12 - 16, nur Männer ab
dem 20. Lebensjahr der sich auf einen halben Schekel bzw.
eine Doppeldrachme belaufenden Abgabe, deren Einsammlung
und Transport nach Jerusalem unter römischer Herrschaft
bislang gesetzlich geschützt war (Philon Leg 156. 216.
291. 311 - 316; Josephus Ant 16, 27 - 61. 160 - 173;
Cicero, Pro Flacco 66 f.), während Frauen die freiwillige

Zahlung offenstand (M Schek 1, 5), so dehnte Vespasian
69/70 die Steuerpflicht, die jetzt ab dem 3. Lebensjahr,
d. h. wohl nach dem Ende des Säuglingsalters, einsetzen
sollte, auf Frauen und selbst auf Sklaven aus
(CPJ 2, 113 ff.)[64].

5.2. Das Sozialisationsideal

Da die Mädchen zur Ehe erzogen wurden, ist damit zu rechnen,
daß das Urteil über die weibliche Natur als solche das Leitbild der Erziehung berührt. Dem Anspruch der männlichen Über-
legenheit (Philon SL 1, 200 f.; Q Gen 3, 3; Josephus Ap 2,
201), von Philon gelegentlich bis zur Behauptung gesteigert,
die Frau sei das Prinzip des Bösen (Q Gen 1, 45; vgl. aber
auch Sir 25, 24), korrespondiert die Zuweisung von Wesens-
zügen mit negativer Einschätzung. Die Frauen sind leichtfertig (Josephus Ant 4, 219; b Kid 80 b), geschwätzig
(Josephus Ant 17, 121; Gen R 45, 5), eifersüchtig (Philon
SL 1, 108; Virt 115; Congr 180; Gen R 45, 5) und beeinfluß-
bar (Arist 250). Sie sind schwach (Arist 250; vgl. Josephus
Ant 15, 290) und verstehen nicht, den Ernst einer Situation
zu begreifen (Arist 250; Josephus Ant 4, 219; 15, 69). Des
weiteren sind sie träge, neugierig und unehrlich (Gen R 45,
5; vgl. ARN B 45). Doch eine Schwachstelle hat auch der Mann:
die Sinnlichkeit (Sir 9, 9 H; Add Dan 2, 7 ff.; Josephus Ant
5, 317). Sie ermöglicht es der Frau, ihre Waffe einzusetzen,
mit welcher sie den Mann beherrscht: ihre Schönheit (Philon
Mos 1, 296 ff.), die sie durch entsprechende Blicke, kos-
metische Tricks und geeigneten Schmuck noch unterstreicht:
Mit den Waffen einer Frau - der Autor spart keineswegs die
erotischen Farben aus - überwältigt Judith Holofernes und
befreit ihre Vaterstadt vor dem drohenden Untergang (Jud 10,
4; 11, 21; 12, 26). So kann man die weibliche Schönheit
einerseits unbekümmert preisen (Sir 26, 16 - 18 H/G;
b Taan 31 a Bar, b Ket 59 b), während sie andererseits
dämonisiert wird (Test XII Ruben 3 - 5; vgl. Test XII
Simeon 5; Test XII Levi 9, 14; Test XII Juda 13; Test XII
Issachar 4, 7; Test XII Joseph; Test XII Benjamin 8). Ihre
Herrschaft, der weder Bettler noch König entgeht (1 Es 4,

30 f.; Test XII Juda 15), bringt den Mann bis zur Selbst-
aufgabe (1 Es 4, 13 - 32; Sir 9, 8 H). Um Beispiele aus
Geschichte und Gegenwart ist man nicht verlegen. Simson ver-
dankt seinen Untergang der Delila (Josephus Ant 5, 317),
und Pheroras, der Bruder Herodes des Großen, ist seiner Frau,
seiner Schwiegermutter und seiner Schwägerin sklavisch ver-
fallen (Josephus Ant 17, 34).

Als Ideal der Ehefrau, wie man es sich in der Oberschicht
vorstellte, können Ben Siras Worte gelten, die an Spr 31,
10 - 31 anknüpfen:

"Die Anmut einer Frau tut ihrem Mann wohl,
und seine Glieder stärkt ihr verständiges Wesen.
Eine Gabe des Herrn ist eine schweigsame Frau,
es gibt keinen Preis für einen wohlerzogenen Menschen.
Anmut über Anmut besitzt eine schamhafte Frau,
es gibt keinen Preis für eine, die ihren Mund beherrscht."

(Sir 26, 13 - 15 H/G. Übersetzung nach G. Sauer,
JSHRZ II 5).

Demnach sollen Frauen verständig sein. Verständige Frauen verstehen es jedoch, den Ernst einer Situation zu begreifen.
Sie sind weder vorwitzig noch lachen sie über alles. Frauen
sollen schweigen können. Frauen, die ihren Mund beherrschen
können, sind jedoch nicht geschwätzig. Frauen sollen scham-
haft sein. Schamhafte Frauen werden jedoch ihrem Mann gegenüber nicht sexuell aktiv; dies mag Hündinnen überlassen
bleiben (Sir 26, 24 b). Frauen sollen wohlerzogen sein.
Als solche sind sie jedoch nicht leichtfertig; insbesondere
halten sie Maß beim Genuß von Wein (Sir 26, 8 G), was ja
auch schon beim Mann als Zeichen der Wohlerzogenheit gilt
(Tob 4, 14 f.). An anderer Stelle tadelt Ben Sira auch die
Eifersucht (Sir 26, 6 G) und qualifiziert die Herrschsucht
bzw. Gehorsamsverweigerung als unbedingten Scheidungsgrund
(Sir 25, 26 G; 26, 26 G; 33, 20 H). Hieraus ergibt sich, daß
sich das Leitbild der Erziehung völlig am Urteil über die

Frau orientierte und darauf abzielte, die als negativ
empfundenen Eigenschaften möglichst zu dämpfen. Wie Philon
sich die ideale Ehefrau vorstellt, geht aus Q Gen 1, 27,
hervor, wo er Gen 2, 22 interpretiert: Erstens stehe sie
dem Mann im Rang nach. Zweitens sei sie jünger als er.
Drittens sorge er für sie, während sie ihm diene. Viertens
nehme er sich ihrer wie einer Tochter an, während sie ihn
wie einen Vater verehre. Dies alles sei Gottes Wille. Auch
hier ist handgreiflich zu entnehmen, wie das Urteil über
die Frau nachwirkt, daß sie einmal dem Mann inferior
sei, zum anderen den Mann dank seiner natürlichen Schwäche
zu beherrschen trachte. Ersteres soll festgehalten und die
Gehorsamspflicht bestärkt werden. Durch den Verweis auf die
Vater-Tochter-Analogie, auch nach Ben Sira ehrt die Frau
den Mann, wird aber auch die Schamhaftigkeit ins Spiel
gebracht, die der Frau die eigene sexuelle Initiative verbietet. Der Vorwurf eigener sexueller Initiative eignet
sich dann natürlich exzellent zur Verleumdung, indem etwa
der Herodessohn Alexandros vorgibt, eines Nachts von seiner
Tante Salome zum Geschlechtsverkehr gezwungen worden zu
sein (Josephus Ant 16, 256). Daraus muß man den Schluß
ziehen, daß die Erziehungsziele sich über 200 Jahre (von
ca. 180 v. Chr. bis ca. 40 n. Chr.) kaum verändert haben;
auch die Unterschiede zwischen Palästina (Ben Sira) und
Alexandria/Ägypten (Philon) sind minimal, sieht man einmal
von den verschiedenen literarischen Gattungen ab (weisheit-
liche Lehrsprüche - exegetischer Midrasch).

5.3. Die religiöse Unterweisung

Nun legte aber das Judentum besonderen Nachdruck auf die spezi-
fisch jüdische Erziehung; Philon schreibt: "Wachen doch alle
Menschen über ihre Sitten, vor allem aber das jüdische Volk,
denn es sieht in seinen Gesetzen von Gott offenbarte Sprüche.
In dieser Lehre ist es von frühester Kindheit an erzogen und
trägt die Gebote Bilder eingeprägt in seiner Seele." (Leg 210,
Übersetzung nach F. W. Kohnke bei Cohn-Wendland-Theiler VII;
vgl. Josephus Ant 4, 211; Ap 2, 175. 204; Test XII Levi 13, 2).

Man kann als selbstverständlich annehmen, daß diese Erziehung
nicht überall und in allen Familien gleich umfassend war.
Sie dürfte vom Grad der elterlichen Frömmigkeit abhängig
gewesen sein (vgl. Add Dan 2, 3). Was die Pharisäer, welche
kultische Reinheit und ordnungsgemäße Verzehntung betonten,
als Grundstock jüdischen Wissens betrachteten, der den
jungen Frauen mit in die Ehe zu geben war, läßt sich aus
M Ket 7, 6, entnehmen: "Was fällt unter 'Gesetz Moses'?
Wenn eine ihm (= ihrem Mann) zu essen gibt, was nicht
verzehntet ist. Oder wenn eine während der Periode mit
ihm schläft. Oder wenn sie keine Teighebe absondert. Oder
wenn sie ein Gelübde ablegt und es nicht erfüllt. Was fällt
unter 'jüdische Sitte'? Wenn eine mit unbedecktem Haupt
ausgeht. Oder wenn eine auf dem Markt spinnt. Oder wenn
eine mit jedermann spricht." Offensichtlich werden unter
'jüdischer Sitte' hier, wenngleich mit etwas anderen Worten,
die schon besprochene Schwatzhaftigkeit, die natürlich ein
Mann nicht unterstützen soll (Ab 1, 5), wie auch die Wohlerzogenheit und Schamhaftigkeit angesprochen, die durch die
öffentliche Zurschaustellung verletzt werden. Wenn es zu
den Vorbereitungen für das eheliche Zusammensein zählt, den
Schleier, d. h. die Verhüllung des Haupthaares, abzunehmen
(3 Makk 4, 6), dann bedeutet die öffentliche Entschleierung
den Bruch eines Sexualtabus (vgl. auch Add Dan 2, 32;
M Schab 6, 5; M B kam 8, 6). Spinn- und Webarbeiten um
Lohn an sich sind nicht untersagt, wohl aber haben sie
im Haus stattzufinden, weil sie zu den Arbeiten gehören, auf
die bzw. auf deren Lohn der Mann Anspruch hat (M Ket 5, 5;
vgl. Tob 2, 11 f.). Bei dem "Gesetz Moses" handelt es
sich in erster Linie um Toragebote, deren Erfüllung in die
Verantwortung der Frau fällt.

Die geforderte Verzehntung vor dem Verzehr all dessen, was
zur menschlichen Nahrung angebaut wird, umfaßt folgende Ab-
gaben:
1. Die "Teruma" oder Priesterhebe, die in Höhe von etwa
   1/50 den Priestern anheimfällt (Num 18, 8; 18, 11 - 12;
   18, 25 - 32; Deut 12, 6; 18, 4; die Traktate Terumot in

Mischna und Tosefta).

2. Den im Anschluß an die Teruma abgesonderten Ersten Zehn-
   ten, der nach rabbinischer Auffassung den Leviten zusteht
   (Num 18, 21 - 24; Traktate Maaserot).
3. Den im 1., 2., 4., 5. Jahr der Jahrwoche fälligen Zweiten
   Zehnten, der entweder in natura bei einer fröhlichen
   Mahlzeit anläßlich einer Wallfahrt zum Jerusalemer
   Tempel zu verzehren oder dessen Geldwert, falls der
   Weg zu weit ist, entsprechend auszugeben ist (Deut 14,
   22 - 27; Lev 27, 30 f.; Traktate Maaser scheni).

Statt seiner ist laut rabbinischer Tradition im 3. und 6. Jahr
der Armenzehnt den Personen minderen Rechts zu entrichten
(Deut 26, 12 - 15). Geschlechtsverkehr während der Menstruation verbietet Lev 15, 19 ff. (vgl. Josephus Ant 3, 274;
die Traktate Nidda). Da in der Regel die Frau im Haus backt,
muß sie auch den vom Teig für den Priester zu entrichtenden
Anteil absondern (Num 15, 17 - 21; Neh 10, 38). Sanktionen
für die Nichterfüllung eines gegenüber Gott bzw. dem Tempel
abgelegten Gelübdes treffen natürlich den Mann in gleicher
Weise (Deut 23, 22 - 24). Allerdings hat bei Minderjährigen
bzw. verheirateten Frauen der Vater bzw. der Ehemann ein
Vetorecht (Num 30, 4 - 17). Auch der Judithroman, aus der
letzten Hälfte des 2. Jh. v. Chr. stammend, spiegelt, daß
man die Kenntnis der Reinheitsgesetze und Speisevorschrif-
ten (Jud 12, 2. 7 - 9) wie ein bestimmtes religiöses,
Fasten, Beten, Geloben betreffendes Grundwissen (Jud 8, 6;
9, 2 ff.; 16, 20) voraussetzte. Was ein Mädchen der Oberschicht, insbesondere der städtischen, vom Gesetz Moses
und von jüdischer Sitte wissen mußte, vermittelte ihm der
Umgang mit der Mutter (vgl. Philon Ebr 54 f.; SL 2, 125;
b Ket 63 a), mit der sie in den Frauengemächern zusammen-
lebte (Sir 42, 11 H; 2 Makk 3, 19; 3 Makk 1, 18; 5, 49;
4 Makk 18, 7; Philon Fl 89; SL 3, 169; Ps - Phok 215).
Tiefer dringende Unterweisung in der jüdischen Tradition,
die es ohne Zweifel gegeben hat, oblag wohl dem Vater
(vgl. Philon Hypothetika VII 7, 14; M Ned 4, 3; M Sot 3,4).
Schriften, die sich an ein breites Publikum wenden, betrachten sie als selbstverständlich. In der LXX betet "Esther"

"Von klein auf habe ich von Vorfahren und Eltern erfahren,
daß du, o Herr, Israel aus allen Völkern und unsere Väter
aus allen ihren Vorfahren zum ewigen Erbbesitz erwählt
hast und an ihnen vollführt hast, was auch immer du ver-
heißen hattest." (St Est 4, 16. Übersetzung nach H. Bardtke,
JSHRZ I 1). Ist dies noch ein allgemein gehaltener Hinweis
auf die Erwählungstradition (vgl. Gen 12, 1 ff.; Deut 26, 5;
Jos 24, 2), so kennt sich die vorbildliche Mutter der sieben
Märtyrersöhne in den Einzelheiten der biblischen Erzählungen
aus und ist imstande, ihre Söhne daran zu erinnern (4 Makk
16, 20; vgl. auch 18, 10 - 19). Auch die Sage von R. Me'irs
gelehrter Frau Beruria (= Valeria), die den Kollegen ihres
Mannes durchaus gewachsen war, hat ihren realen Kristallisa-
tionspunkt in der Möglichkeit höherer Frauenbildung[65].

5.4. Die materielle Bildung

Wie weit sich der von Josephus behauptete allgemeine Unter-
richt im Lesen und Schreiben (Josephus Ant 2, 204) erstreckte, läßt sich nicht mit Bestimmtheit sagen. Einerseits schreiben Frauen (z. B. CPJ 424), andererseits wird
es gerichtsnotorisch, daß sie solche elementaren Kultur-
techniken nicht beherrschen und auf die Unterschrift ihres
Tutors angewiesen sind (wie z. B. Babatha [IEJ 12]; vgl. auch
CPJ 453). Keinesfalls ist die Trennungslinie zwischen
Schreibkundigen und Analphabeten mit einer Klassengrenze
identisch, denn es schreiben nicht nur Angehörige des Adels,
wie z. B. Alexandra (Josephus Ant 15, 24) oder Kypros, die
Frau Aggripas I., an Herodias (Josephus Ant 18, 148),
sondern auch Akme, Livias jüdische Sklavin, korrespondierte,
dazu noch geheim, mit dem Herodessohn Antipatros (Josephus
Ant 17, 134 - 141).

6. Die Frau als Ehefrau

6. 1. Die Verheiratung

Sobald das Mädchen zur jungen Frau herangewachsen war, in der
Regel mit erreichter Volljährigkeit, und ein geeigneter Bewerber vorhanden war, wurde sie vom Vater, Bruder, nach
rabbinischem Recht auch von der Mutter oder sonst einem Tutor,
verheiratet (Sir 7, 25 H; 42, 9 H; Tob 7, 11 ff.; Philon SL
3, 67; Josephus Ant 20, 139; Ap 2, 200; M Ket 4, 4; M Kid 2, 1)
Ausgeschlossen war es aber nicht, daß auch Minderjährige verheiratet wurden. Geschah dies nach dem Tod des Vaters durch
die Mutter (b Nid 52 a) oder einen Bruder, so hatte die
Frau nach deren Tod die Möglichkeit, darüber zu entscheiden, ob sie die Ehe fortsetzen wollte oder nicht (M Jeb 13,
1 - 5; T Jeb 13, 1 - 6). Diese "Weigerung" (מאון) wurde beurkundet (T Jeb 13, 1). Das spätere rabbinische Recht be-
schränkte allerdings die Gewalt des Tutors insofern, als
es bei einer volljährigen Frau deren Einwilligung verlangte,
die Ehegatten also als Vertragspartner ansah (b Kid 2 b;
41 a; 79 a). Es dürfte aber durchaus vorgekommen sein, daß
diese Einwilligung mit mehr oder weniger sanftem Druck erreicht wurde, dem ein etwa zwölfjähriges Mädchen kaum hat
widerstehen können (vgl. auch Pomeroy, S. 240 f.), namentlich in der Oberschicht, wenn politische Interessen auf dem
Spiel standen. Herodes der Große war auf die Vorstellungen
seiner Schwester Salome, die gern einen Araber namens
Syllaios geheiratet hätte, nicht eingegangen, sondern hatte
sie unter Drohungen zur Heirat mit einem gewissen Alexas
genötigt. Selbst Livia, die Frau des Augustus, von Salome
zur Vermittlung eingeschaltet, hatte ihr zur Einwilligung
geraten (Josephus Bell 1, 566; Ant 17, 10). Die Heirats-
chancen einer freigelassenen Sklavin waren stark gemindert,
da man voraussetzte, daß sie vorehelichen Geschlechtsverkehr
gehabt hatte (T Hor 2, 11; j Hor 486, 66 - 68; b Hor 13 a).

6.2. Das Heiratsalter

Zum Heiratsalter gibt die nachstehende Tabelle Hinweise.
Offenbar lag es meist um 15 Jahre. Zur frühen Verheiratung

wird auch die unbedingte Forderung nach der Virginität der
Braut beigetragen haben (Deut 22, 13 - 21; Sir 7, 24 H;
Tob 3, 14; Philon SL 3, 80; Josephus Ant 4, 244, 246 ff.;
Midrasch Tannaim zu Deut 22, 17 - 20; j Ket 28 c, 5 ff.;
b Ket 46 a).

Heiratsalter	Anzahl	Ort	Bemerkungen	Nachweis
12 Jahre	1	Rom	-	CII 105
14 Jahre	1	Arsinoe/ Ägypten	-	CPJ 421
15 Jahre	3	Rom	-	CII 136, 242, 268
16 Jahre	1	Judäa	2. Ehe	Josephus Ant 19, 354
17 Jahre	2	(1) Judäa (1) Rom	terminus ad quem -	Schalit, Herodes 566 Anm.4 CII 527

6.3. Der Kreis der Bewerber

Wie beschaffen hatte der geeignete Bewerber nun zu sein?
Zuerst und vor allen Dingen hatte er Jude zu sein, wie die
Mischehen überhaupt verpönt waren (Ex 34, 16; Deut 7, 3;
23, 3; 1 Makk 1, 15; Jub 30, 11 ff.; Syr Bar 42, 4; b AZ
36 b; Philon SL 3, 29; Josephus Ant 8, 191; 18, 340 ff.;
Tacitus, Historiae V 5, 2). Ein diesbezüglicher Mangel konnte
notfalls dadurch geheilt werden, daß sich der Bewerber be-
schneiden ließ (vgl. St Est 4, 26; Josephus Ant 20, 145).
So kam die von Agrippa I. geplante Ehe seiner Tochter
Drusilla mit dem kommagenischen Prinzen Epiphanes nicht
zustande, weil dieser entgegen einem gegebenen Versprechen
die Beschneidung ablehnte, während der Heiratsplan, den nach
dem Tod des Vaters ihr Bruder Agrippa II. schmiedete, gelang,
da Azizos, der König von Emesa, bereit war, zum Judentum
überzutreten (Josephus Ant 19, 354 f.; 20, 139). Beide
Fürsten, wohl hellenisierte Araber, gehörten zur römischen
Klientel. Um sich über dieses Erfordernis hinwegzusetzen,
brauchte es ein erhebliches Maß an Selbstbewußtsein, wohl
auch eine gelockerte Bindung an die eigene Tradition.
Drusilla hat es aufgebracht. Nicht nur, daß sie ihren Mann
verlassen und sich eigenständig ohne Scheidebrief (s. u.)
wieder verheiratet hat, was nach jüdischem Recht als Ehebruch einzustufen war. Darüber hinaus heiratete sie in dem
römischen Prokurator Felix einen Nichtjuden und Nicht-
proselyten. Der aus dieser Ehe entsprungene Sohn Agrippa
kam beim Ausbruch des Vesuvs ums Leben (Josephus Ant 20,
141 - 144). Offensichtlich hat es Mischehen aber auch außerhalb des randständigen Hochadels gegeben (Apg 16, 1 - 3).
Das unter dem Synhedrion von Jabne entwickelte Recht be-
strafte solche Verbindungen damit, daß den Kindern lediglich
der Status eines mamzer (d. i. einer bzw. eine, dem/der
keine vollgültige Ehe mit Juden möglich ist) zuerkannt wurde
(M Jeb 7, 5; T Kid 4, 16), wie auch das römische Recht der
Lex Minicia sie zu verhindern suchte, indem es die Kinder
dem Stand des Vaters folgen ließ (Ulpian, Tituli 5, 8). Die

in T Ḳid 4, 16 mitgeteilte Minderheitenmeinung des Rabbi
Schim'on ben El'azar, wonach die Kinder uneingeschränkt
Juden seien, wird in talmudischer Zeit (b Ḳid 68 b) gelten-
des Recht[66].

Danach sollte er möglichst der Verwandtschaft entstammen.
Die lehrhaft erzählenden Bücher Tobit und Judith (aus vor-
christlicher Zeit) propagieren die Verwandtenehe. Tobits
Sohn Tobias heiratet, den Rat seines Vaters befolgend,
mit Sara eine Verwandte (6, 12), wie es auch schon sein
Vater gehalten hatte (1, 9). Was den Verwandtschaftsgrad
betrifft, spaltet sich die textliche Überlieferung. Für
den einen Zweig sind die Väter Raguel und Tobit Vettern
(7, 2 BA: ἀνεψιοί). Der andere hält sie für Brüder
(S: ἀδελφοί). Letztere Angabe kann, muß aber nicht so verstanden werden, daß mit Tobias und Sara Vetter und Base
verheiratet worden seien, da ἀδελφός auch weitere Verwandt-
schaftsgrade bezeichnen kann. Auch Judith, die beispielhafte
Retterin des Vaterlands, war mit Manasse mit einem Mann
aus ihrem Stamm (φυλή) und ihrem Geschlecht (πατριά) verheiratet (Jud 8, 2). Des näheren haben sich zwei Typen
endogamer Verbindung herauskristallisiert:
Erstens: die Vetter-Base-Verbindung. Das vorchristliche
Jubiläenbuch, das gern Recht und Sitte seiner Zeit in die
Urzeit transponiert, läßt, wenn es die Stammväter von Adam
bis Noah (Gen 5) und von Noah bis Abraham (Gen 11) wieder-
gibt, die einzelnen Glieder mit Vorliebe Kusinen heiraten.
Dabei überwiegen die Heiraten mit der Kusine mütterlicherseits (Jub 4, 15. 16. 20. 27. 28. 33; 11, 14 = 7 Fälle)
eindeutig die Verbindungen mit der Kusine väterlicherseits
(Jub 8, 6; 11, 22 = 2 Fälle). Die Hasmonäerbrüder Hyrkanos II.
und Aristobulos verheirateten ihre Kinder Alexandra und
Alexandros miteinander (Josephus Ant 15, 23). Geprägt von
der Vetter-Base-Verbindung war die Heiratspolitik Herodes'
des Großen. Selbst schon neben anderen mit einer Kusine
verheiratet, deren Name nicht überliefert ist (Josephus
Bell 1, 563), verheiratete er seine Kinder auf diese Weise.
Sein Sohn Aristobulos erhielt Berenike, die Tochter seiner

Schwester Salome (Josephus Ant 16, 11; 18, 133). Seine
Tochter Salampsio vermählte er mit Phasael, dem Sohn seines
Bruders Pheroras (Josephus Ant 18, 130). Kypros verband
er mit Salomes Sohn Antipatros (18, 130). Olympias wurde
Joseph, dem Sohn seines Bruders Joseph, zugeführt (Josephus
Ant 18, 134).

<u>Zweitens:</u> die Onkel-Nichte-Verbindung. Spätestens um
200 n. Chr. wird sie, und zwar als Ehe mit der Tochter der
Schwester, als der Idealfall gerühmt, als von Gott gewollt
(T Kid 1, 4; b Sanh 76 b; b Jeb 62 b). Es gab auch eine
Tradition, die die Verbindung Abrahams mit Sara, gewiß
eine ideale Verbindung, sich als Ehe zwischen Onkel und
Nichte (Tochter des Bruders) vorstellte (Josephus Ant 1,
154. 211; b Sanh 55 b). Doch schon aus der Zeit vor
200 v. Chr. hören wir von einem Fall, der sich im Jerusalemer
Adel zugetragen hat: der Tobiade Joseph heiratete die Tochter seines Bruders (Josephus Ant 12, 186 ff.). Die Tempelrolle von Qumran kennt sie (TR 66). Auch im Haus des Herodes
kam sie vor. Unter den Frauen Herodes' des Großen befand
sich eine nicht mit Namen genannte Nichte (Josephus Bell 1,
563). Der Herodesenkel Agrippa vermählte seine Tochter
Berenike in zweiter Ehe mit seinem Bruder Herodes (Josephus
Ant 19, 277). Wie nach dem oben erwähnten Dictum nicht
anders zu erwarten, treten Tannaiten der zweiten Generation
(um 90 - 130 n. Chr.) für beide Formen der Onkel-Nichte-
Verbindung mit Rat und Tat ein. Rabban Gamli'els II.
Tochter war mit dem Bruder ihres Vaters verheiratet
(b Jeb 15 a). Die Rabbinen Eli'ezer ben Hyrkanos und
Jose ha-gelili heirateten die Töchter ihrer Schwestern
(j Jeb 13 c, 50; Gen R 17, 3). Das gleiche tat auf Veranlassung Rabbi Jischma'els ein nicht weiter bekannter
Mann (M Ned 9, 10). Die Gründe dieser Vorliebe für die
Endogamie können nur zum Teil im Zusammenhalt des Familien-
vermögens zu suchen sein, da dies eigentlich nur für Töchter als Einzelkinder zutrifft (vgl. Num 36; Tob 6, 12;
Philon SL 2, 126). Vielmehr wird man sich in der Verwandtenehe überhaupt die größte Möglichkeit einer adäquaten Verbindung erhofft haben. Die Onkel-Nichte-Verbindung eröffnete

dazu noch, schon allein wegen des vorauszusehenden Alters-
unterschieds, die meisten Chancen zur Realisierung des
oben dargestellten Leitbildes der idealen Ehefrau.

Freilich genoß sie nicht in allen Kreisen dieses Ansehen.
Eine Gruppe, nach vorherrschender Ansicht die Essener,
lehnte sie unter Berufung auf die Tora ab. Ihrer Ansicht
nach sei Lev 18, 13, wo die Ehe zwischen Neffe und Tante
untersagt wird, dahingehend auszulegen, daß auch die Ehe
zwischen Nichte und Onkel darunter zu subsumieren sei
(CD 5, 7 ff.)[67].

Wenn die Verbindung zweier Familien erwogen wurde (vgl.
z. B. Philon SL 3, 67 f.; T Kid 1, 4), so sollte weniger
Geld oder Schönheit (Sir 25, 21; b Kid 70 a) den Aus-
schlag geben, als vielmehr auf die Reinheit der Familie
gesehen werden (M Taan 4, 8; Josephus Ap 1, 30), die durch
einen lückenlosen Stammbaum demonstriert wurde. So haben
denn auch in der Literatur exemplarische Figuren exemplarische
Genealogien (z. B. Jud 8, 1). Zur Zeit des Tempels zerfiel die
jüdische Gesellschaft in drei Klassen. Geheiratet werden
konnte, was letztlich auf die entsprechenden Toravor-
schriften zurückzuführen war (Philon SL 3, 12 ff.;
Josephus Ant 3, 274. 276. 277; 4, 244 f.; Lev 18, 7 ff.;
21, 7. 14; Deut 23, 3), nur innerhalb einer Klasse. Die
oberste Klasse, deren Vorstellungen es ja sind, die in
der Überlieferung zu Wort kommen, bestand aus den Priestern,
den Leviten und dem zum connubium mit den Priestern be-
rechtigten Laienadel (M Kid 4, 1; M Hor 3, 8; T Hor 2,
10; T Meg 2, 7). Die Wirklichkeit hat sich zweifellos nicht
immer mit der Klassengesinnung in Einklang bringen lassen.
Da Herodes der Große eine Idumäerin zur Mutter hatte
(Josephus Ant 14, 121), wäre eigentlich sowohl die Ehe
mit der Hasmonäerin Mariamme (Josephus Ant 15, 185), als
auch die Verbindung mit der zweiten Mariamme, der Tochter
des Hohenpriesters Simon (Josephus Ant 15, 319 ff.) nicht
im Bereich des Möglichen gelegen, da das rabbinische Recht
bestimmt: "Die Ägypter und die Edomiter sind bis zur

dritten Generation verboten, gleichgültig ob Männer oder
Frauen" (M Jeb 8, 3). Wie Josephus am letzterwähnten Fall
einleuchtend darstellt, war die Stellung des priesterlichen
Adels zwar stark genug, den Mißbrauch einer ob ihrer Schönheit gerühmten Tochter zu verhindern, doch dem königlichen
Ehewunsch mußte man sich fügen. Ja, der König befand sich,
allen Schmähungen zum Trotz, in einer Position, daß es
erst einer Rangerhöhung des präsumptiven Schwiegervaters
zum Hohenpriester bedurfte, um die für die Eheschließung
nötige ungefähre Gleichheit der gesellschaftlichen Ebene
zu erreichen. Anzumerken ist, daß (wie unten noch weiter
dargelegt werden soll) auch im Fall der ersten Mariamme
der hasmonäische Stolz sich der faktischen Gewalt beugen
mußte und gezwungen war, seine Rache in Haremsintrigen zu
kühlen. Die nach der Zerstörung des Tempels einsetzende
Erweiterung und Verschiebung des Elitebegriffs, der sich
nicht mehr so sehr an der Priesterschaft als an den Rabbinen
orientierte, brachte es mit sich, daß man die Verbindung
mit Gelehrtenfamilien anstrebte (b Pes 49 a).

6.4. Die Eheform

De iure handelte es sich bei der Form der Ehe, welche die Frau
zu erwarten hatte, um Polygamie bzw. Polygynie (Deut 21, 15 ff.;
vgl. 17, 17; 1 Sam 1, 6; Josephus Ant 4, 249; Bell 1, 477;
M Jeb 1, 1 - 2, 4). Tatsächlich erhob sich jedoch gegen die
Mehrehe ein vielstimmiger Chor der Kritik bzw. der Idealisie-
rung der Einehe. Hillels Verdikt lautet : "Viel Frauen -
viel Zauberei" (Ab 2, 7). Sein alexandrinischer Zeitgenosse
Philon kann in der Zulassung der Mehrehe lediglich ein Steue-
rungsinstrument sehen, das die nicht zu unterdrückende Sinnes-
lust in einigermaßen geregelte Bahnen lenke (SL 2, 135 ff.).
Soweit die Essener die Ehe nicht überhaupt ablehnten (Josephus
Bell 2, 120 ff.; Plinius n. h. V 73) - angesichts der in der
Antike allgemein verbreiteten Ansichten über Sinn und Zweck
der Ehe (siehe unten) ein Unicum - stuften sie sie unter Berufung auf Gen 1, 27 als Unzucht (זנות) ein (CD 4, 20 f.;
vgl. Josephus Bell 2, 160 f.). Auch der Hinweis darauf, man
könne ja, wenn einem die finanziellen Folgen der Scheidung

von einer ärgerlichen Frau zu teuer würden, eine zweite dazu-
heiraten, um sich selbst das Leben wieder angenehm zu gestalten und die andere zu bestrafen, ist wohl kaum als Lob
der Polygynie aufzufassen (b Jeb 64 b). Dazu tritt die Ideali-
sierung der Einehe, wie sie in der Weisheit sowohl in ihrer
erzählenden Form als auch in der Spruchform begegnet (Tob 1, 9;
6, 10; 7, 2 ff.). "Wenn du eine Frau hast, so verabscheue sie
nicht", sagt Ben Sira (7, 26 H; Übersetzung nach G. Sauer in
JSHRZ III 5). In der Realität muß die Mehrehe extrem selten
gewesen sein. Kein einziger Rabbine ist bekannt, der zu irgend-
einem Zeitpunkt seines Lebens zwei oder mehr Frauen gehabt
hätte. Fast ausnahmslos gehören die wenigen bekannten Fälle
in den judäischen Adel zur Zeit des Tempels. Einmal ist es
der schon genannte (s. o. 6. 3.) Tobiade Joseph, dann Herodes
der Große, der gleichzeitig mit neun Frauen verheiratet war
(Josephus Ant 17, 19; Bell 1, 562). Die rabbinische Literatur
erwähnt zwei hohepriesterliche Familien, in denen Mehrehe
vorgekommen sein soll (T Jeb 1, 10; b Jeb 15 b), sowie einen
Beamten des Königs Agrippa I. mit zwei Frauen (b Suk 27 a).
Aus der Familie קיפא sind zwei Hohepriester namentlich bekannt:
Eljo'enai (um 44 n. Chr.; M Para 3, 5; vgl. Josephus Ant 19, 342)
und Joseph (bis 62 n. Chr.; Josephus Ant 20, 196; Mt 26, 3. 57).
Ein weiterer Fall wird in b Jeb 15 a berichtet. Der jüngste
bezeugte Fall ist Babatha aus Engedi, die im ersten Drittel
des 2. Jh. n. Chr. gleichzeitig neben einer Mirjam mit einem
gewissen Jehuda verheiratet war (Yadin, Bar Kochba, S. 249).
Die Frauen, mit denen Alexander Jannai das Schauspiel der
Massenhinrichtung genoß (Josephus Bell 1, 97; Ant 13, 380),
waren παλλακίδες "Nebenfrauen". Nach dem Sprachgebrauch
der LXX sind παλλακίδες die פלגשים, wie sie etwa David hatte,
(2 Sam 5, 13 u. ö). Alexander führte demnach die in biblischer Zeit übliche Sitte fort, wonach Fürsten und andere
hochgestellte Personen sich Nebenfrauen, einen Harem,
hielten, um die Möglichkeit der Nachkommenschaft zu erhöhen.

Dagegen war die Wiederheirat durchaus üblich. Das ergibt
sich allein schon aus Sinn und Zweck der Ehe, der Fortpflanzung (Philon Jos 43; Mos 1, 28; Josephus Bell 2, 160),

die den Fortbestand von Familie und Volk sichert (Ps-Phok
175). "Seid fruchtbar und mehret euch" (Gen 1, 28) ist ein
Gebot (M Jeb 6, 6). In der Zeugung von Kindern dient der
Mensch Gottes Schöpfungswerk (Philon Q Gen 3, 48; SL 2,
225; T Jeb 8, 4). Blieb die Ehe unfruchtbar, so mochte
es der Mann mit einer anderen Frau versuchen. Auch war
gemäß Gen 1, 28 nur der verheiratete Mensch ein richtiger
Mensch, der in Übereinstimmung mit Gottes Schöpfungsordnung
lebte, so daß es durchaus natürlich war, daß verwitwete
oder geschiedene Frauen wieder, sogar mehrfach, heirateten.
Die Herodesschwester Salome war dreimal verheiratet (Josephus
Bell 1, 486). Dem unverheirateten Mann begegnete man mit
Mißtrauen. Um Ben Sira zu zitieren: "Wer vertraut einem
Haufen Soldaten, der von Stadt zu Stadt zieht? So ist ein
Mann, der kein eigenes Nest baut, der dort ausruht, wo
er gerade vorübergeht." (Sir 36, 26 H; Übers. nach G. Sauer
in JSHRZ III 5). Im 2. Jh. n. Chr. muß es sich der Rabbine
Schim'on ben'Azzai gefallen lassen, daß ihm sein
Kollege El'azar vorhält, seine Lehren über Unfrucht-
barkeit und Wiederverheiratung wären wesentlich glaubwürdi-
ger, wenn er sie selbst praktizierte (T Jeb 8, 4). Selbst
die essenische Gruppe, welche die Ehe ablehnt, tut es nach
der Darstellung des Josephus nicht, weil sie Ehe und Zeugung von Kindern beseitigen möchte, sondern weil sie die
Frauen für zügellos und untreu halte (Josephus Bell 2,
120 f.; vgl. Ant 18, 21). Daneben kam aber ein neues Ideal
auf. Die stoisch beeinflußte jüdische Diatribe sieht es
als Zeichen der Frömmigkeit, wenn die Frau mit einem Mann,
dem Mann ihrer Jugend, verbunden bleibt (4 Makk 18, 9).
Auch griechische und lateinische Grabinschriften rühmen
der Verstorbenen nach, daß sie nur mit einem Mann
(μόνανδρος), dem Mann ihrer Jugend (παρθενικός , virginius),
gelebt habe (CII 81. 242.319.541)[68].

6.5. Die Eheschließung als Rechtsakt

Die Eheschließung zerfiel in zwei Akte, die zeitlich weit
auseinanderliegen können: die Antrauung (hebr. אירוסין nach

bh. אֵרוּשׂ , bzw. קִדּוּשִׁין , eigentlich "Heiligung". Manche wollen
einen Unterschied zwischen "Erusin" und "Kidduschin" sehen,
der darin bestehen soll, daß Erusin lediglich den durch
Nissu'in abgelösten Zustand bezeichne, während Kidduschin
andauere[67]) und die Heimführung (hebr. נִשּׂוּאִין   ;
zur Terminologie vgl. z. B. M Jeb 6, 3). Die heute übliche
deutsche Übersetzung beider Begriffe mit "Verlobung" bzw.
"Heirat" führt insofern in die Irre, als die "Verlobung"
die Ehe schon begründet, während die "Hochzeit" dann den
Übergang in das Haus des Mannes, verbunden mit der Aufnahme
des ehelichen Lebens, darstellt: Die Ehe wird vollzogen.
Philon und Josephus drücken diese ehebegründende Verlobung
durch ὑπερεγγυάω, ἐγγυάω oder κατεγγυάω aus (Deut 22, 23. 28;
Josephus Ant 4, 251. 252; 17, 14; Philon SL 1, 107; 3, 72;
Virt 114). Das oben besprochene Heiratsalter bezieht sich
also auf die Heimführung, während die Braut, aber auch der
Bräutigam, noch Kinder sein können, wenn die Ehe rechtlich geschlossen wird (vgl. Josephus Ant 17, 14). Agrippas I. Töchter
waren beim Tod ihres Vaters zehn bzw. sechs Jahre alt und schon
verlobt (Josephus Ant 19, 354 f.). Die Antrauung konnte
auf drei Arten vorgenommen werden: durch die Überreichung
von Geld oder eines geldwerten Gegenstandes, durch eine
Urkunde oder durch Beischlaf im Haus des Vaters (M Kid 1, 1).
Unter dem Einfluß hellenistischer Rechtsformen hatte sich
in bestimmten Kreisen die schriftliche Ehebegründung ein-
gebürgert. Nach dem Zweig der Textüberlieferung des Tobitbuches, den der Codex Sinaiticus repräsentiert, schrieb
Raguel "eine Urkunde über das eheliche Zusammenwohnen und
daß er sie (sc. seine Tochter Sara) ihm (sc. dem Tobias)
gemäß dem Recht des Gesetzes Moses zur Frau gebe" (Tob 7,
14). Das kann nichts anderes sein als die Entsprechung zur
Ehebegründung durch "Urkunde". Die Formel "gemäß dem Gesetz
Moses und Israels zur Frau" war Bestandteil der Urkunde,
mit der man sich in Alexandria bzw. Ägypten die Frau anzu-
trauen pflegte (CPJ 128; T Ket 4, 9; j Ket 28 d, 73 ff.;
b B meṣ 104 a). Herodes Ehe mit der ersten Mariamme wird
so durch ὁμολογία begründet (Josephus Ant 15, 300). Auch
der von Josephus für die Verlobung von Agrippas Töchtern

gebrauchte Ausdruck καθωμολόγηντο πρὸς γάμον deutet auf
diese Form der Antrauung hin. Die schriftlich festgehaltenen
ὁμολογίαι sind laut Philon eine rechtsgültige Heirat, wenn
sie die Namen von Mann und Frau und das übrige, das eheliche
Zusammenleben Betreffende enthalten (Philon SL 3, 72; vgl.
SL 1, 107). Bei der griechisch-ägyptischen συγγραφὴ
ὁμολογίας, die Philon im Blick hat, folgte auf die Namen
die Empfangsbestätigung der Mitgift und die Aufzählung
der gegenseitigen Pflichten sowie die Nennung der Sanktionen,
wenn diese mangelhaft oder überhaupt nicht erfüllt werden
(Mitteis-Wilcken 2, 317 Nr. 283)[70]. Diese Bedingungen
faßt Philon unter "das übrige das eheliche Zusammenleben
Betreffende" zusammen. Geschlossen wurde die Ehe im Haus
des Bräutigams bzw. seines Vaters. Die Terminologie des
Tobitbuches nach dem Codex Sinaiticus stimmt mit Philon
überein (Tob 12, 1 S ἐπετελέσθη ὁ γάμος - Philon SL 3, 72 γάμων
ἐπιτελεσθέντων) und bestätigt somit die oben vorgetragene
Deutung der συγγραφὴ βιβλίου συνοικήσεως als der die Ehe
begründenden Urkunde.

6.6. Die Feier der Heimführung

Für die Heimführung wurde die Braut gebadet, gesalbt und
geschmückt. Man tanzte vor ihr. Ihr dies zu ermöglichen,
ist ein verdienstliches Werk (ARN A 41). In festlichem
Geleit mit Musik und Gesang holt in Palästina der Bräutigam
die Braut ein (1 Makk 9, 37 - 39; Mt 25, 1.6.10; Mek S. 214
Horovitz-Rabin; ARN A 4), die ihr Vaterhaus verlassen hat,
in einer Sänfte sitzend (M Soṭ 9, 14), mit offenem Haar
und unter Hochzeitsliedern (M Ket 2, 1; הירומנא ist wahrscheinlich Korruptel aus gr. ὑμήν)[71]. Das mit der
Eheschließung verbundene Fest dauerte sieben Tage (Tob 11,
19 BA; T Ber 2, 10). Dazu gehören mit guten Wünschen verbundene Benediktionen (Tob 11, 17; M Meg 4, 3) als der
gottesdienstliche Teil, wie die Förderung des Minjan, der
Anwesenheit von wenigstens zehn Männern, die das 13. Lebensjahr vollendet haben, zeigt. Nach b Ket 7 b/8 a lauten sie:
"Gepriesen sei, der alles ihm zu Ehren erschaffen hat. Der

den Menschen gebildet hat. Der den Menschen in seinem
Ebenbilde, im Ebenbilde seiner Gestalt, gebildet und an
ihm selbst einen Bau für die Ewigkeit errichtet hat.
Gepriesen seist du, o Herr, Schöpfer der Menschen. Freuen
wird sich die Unfruchtbare und frohlocken, wenn in Freude
ihre Kinder in ihrer Mitte gesammelt werden. Gepriesen
seist du, o Herr, der Zion mit seinen Kindern erfreut.
Erfreue das Liebespaar, wie du dereinst deine Geschöpfe
im Edengarten erfreut hast. Gepriesen seist du, o Herr,
der du uns ins Dasein gerufen hast Freude und Wonne,
Bräutigam und Braut, Jubel und Gesang und Lust und Fröh-
lichkeit, Liebe und Eintracht und Frieden und Freund-
schaft. Baldigst, o Herr, unser Gott, mögen gehört werden
in den Städten Judas und in den Straßen Jerusalems Rufe
der Freude und der Wonne, Rufe von Bräutigam und Braut,
Rufe des Jauchzens der Bräutigame unter dem Baldachin und
der Jünglinge beim Gastmahl. Gepriesen seist du, o Herr,
der du den Bräutigam mit der Braut erfreuest." (Übers.
nach L. Goldschmidt, Der Babylonische Talmud, 5. Bd.,
Berlin 1931; vgl. auch Siddur Sefat Emet S. 285 f.).
Es wurde gut gegessen und getrunken (Philon SL 3, 80;
M Ker 3, 7; S Deut § 38 = S. 75 Finkelstein; S Deut § 107
= S. 168 Finkelstein). Auch der Gesang kam nicht zu kurz.
Rabbi ʿAkiba (gest. 135 n. Chr.) wendet sich energisch
dagegen, das von ihm als Allegorie der liebevollen Beziehung
Gottes zu seinem Volk aufgefaßte Hohe Lied bei dieser Ge-
legenheit zu singen (T Sanh 12, 10). Nach hellenistischem
Recht konnte die Heimführung (ἔκδοσις) in der συνοικεσίου
συγγραφή beurkundet werden[72].

6.7. Der Ehevertrag

In Übereinstimmung mit dem hellenistischen Recht konnte
schon in der Ehebegründungsurkunde festgehalten werden,
wie die vermögensrechtliche Seite der Ehe, das, was Philon τὰ
ἄλλα nennt, geregelt werden sollte. Eine solche Ehebegründungsurkunde stellte dann gleichzeitig die Ketubba,
den Ehevertrag, dar, wie aus dem Satz der Hillel vorgelegten

Urkunde hervorgeht: "Wenn du in mein Haus gekommen bist,
sollst du meine Frau sein gemäß dem Gesetz Moses und Israels"
(T Ket 4, 9)[73]. Es war wohl der ältere Brauch. Später
dürfte die Ketubba anläßlich der Heimführung ausgefertigt
worden sein, wie man der Komposition der Traktate Ketubbot in
Mischna und Tosefta entnehmen muß. Sie setzen nämlich ein mit
den Wochentagen, an denen die Heimführung zu erfolgen habe,
um dann erst zu ihrem eigentlichen Gegenstand, der Erörte-
rung der gegenseitigen Pflichten und Rechte, zu kommen.
Auch werden Ehebegründungs- und Heimführungsurkunden M B
bat 10,4 nebeneinander genannt. Soweit ihr Erhaltungszustand
eine Aussage erlaubt, enthalten die aramäisch abgefaßten Ehe-
verträge aus Murabba'ât, der eine davon aus dem Jahr
117 n. Chr., nachdem sie im Kopf das Datum, die Namen von
Mann und Frau sowie die aus der Ehebegründungsurkunde bekannte Eheschließungsformel gebracht haben, die Summe der
Ketubba und Bestimmungen über die Folgen der Beendigung
der Ehe durch Scheidung und Tod. Der mehrdeutige Begriff
Ketubba (= "Ehevertrag"; "Summe, die bei Scheidung oder
Tod des Mannes fällig wird" [M Ket 1, 2 ff. 5, 1] ; "Mitgift"
[M Ket 6, 5 f.]), ist es auch hier: fällige Summe oder
Mitgift. Im Falle der Scheidung werden der Frau die Ketubba
und ihr sonstiger Besitz ausgehändigt. Stirbt die Frau vor
dem Mann, so erben die Söhne, die sie mit dem Mann hat,
die Ketubba und den sonstigen Besitz, während den gemein-
samen Töchtern Wohnung und Unterhalt zugesichert wird.
Stirbt der Mann zuerst, wird der Frau das Recht verbrieft,
für die Dauer ihrer Witwenschaft im Haus zu wohnen und
unterhalten zu werden. Der Mann haftet mit seinem Vermögen.
Nach Ausweis einer hebräischen Urkunde aus dem Jahr 134
n. Chr. über den Verkauf eines Hauses und eines Grundstücks
stimmt demzufolge die Frau der Transaktion unter der Bedingung zu, daß ihr das Wohnrecht im Haus ihres Mannes und
eine jährliche Witwenrente, der mischnischen Alimentation
entsprechend, garantiert werden (DJD II 30). Ein in griechischer Sprache abgefaßter Ehevertrag spricht von der
φερνή "Mitgift" (DJD II 116). Die gegenseitigen Rechte
und Pflichten bewegten sich also im Rahmen des rabbinischen

Rechts, dessen zutreffende aramäische Formulierungen in
M Ket 4, 7.10 - 12 mitgeteilt werden. Darüber hinaus sind
üblich die Verpflichtung zum Loskauf der Frau aus der Gefangenschaft bzw. Sklaverei (M Ket 4, 8; T Ket 4, 2) und
zu ihrem Unterhalt und Begräbnis, wie andererseits ziemlich
detaillierte Vorstellungen über den Umfang der der Frau
auferlegten häuslichen Arbeiten und der sogenannten ehelichen Pflicht existieren (M Ket 5, 5 f.; T Ket 4, 2).
Teilweise wurden sie in den Urkunden von DJD II wiederher-
gestellt. Bei der griechischen Urkunde über eine Wiederheirat aus dem Jahr 124 n. Chr. (DJD II 115) haben wir eine
συγγραφὴ ὁμολογίας   (s. o.) vor uns. Z. 5 f. nimmt auf
die προίξ "Mitgift" Bezug und Z. 4 erkennt der Mann an
(ὁμολογεῖ), Salome zu seiner legitimen Frau zu nehmen.
Die Mitgift kennt auch Tob 8, 21[74].

Die Bestimmungen des Ehevertrags waren einklagbar. An
Sanktionen ist etwa vorgesehen, daß bei Nichterfüllung
seitens der Frau dieser wöchentlich eine bestimmte Summe
von der Ketubba abgezogen wird. Ist es der Mann, der den
Vertrag nicht erfüllt, erhöht sich die Ketubba um einen
bestimmten Betrag. Diese Regelung bevorzugt jedoch den
Mann, da man beim Mann an einen Strafbetrag von drei Denaren
pro Woche bzw., nach anderer Rechtsmeinung, der Hälfte denkt,
der Frau aber sieben Denare, bzw. die Hälfte nach anderer
Auffassung, auferlegt (M Ket 5, 7). Aus dem ptolemäischen
Ägypten (218 v. Chr.) liegt die Petition einer Jüdin (oder
Proselytin) vor, deren Mann seiner Pflicht, ihr Wohnung
und Unterhalt zu gewähren, nicht nachgekommen ist (CPJ 128).

6.8. Die rechtliche Stellung der verheirateten Frau

Frauen können Eigentum haben, das sie durch Erbschaft oder
Schenkung erwerben (M Ket 8, 1; M B bat 8, 1). Auch die
Aussteuer ist hier zu erwähnen. Durch ihre Aufnahme in den
Ehevertrag wird dem Mann die Verantwortung dafür übertragen[75].

Für das ptolemäische und römische Ägypten ist Eigentum an

Land (CPJ 41, 47, 453. 462), Häusern (CPJ 430), Vieh (CPJ
28), indirekt, da Freigelassene erwähnt werden (CPJ 179.
180. 378), an Sklaven bezeugt. Weibliche Mitglieder der
herodeischen Familie verfügten über ungeheure Vermögen.
Salome soll ein jährliches Einkommen von 60 Talenten gehabt
haben (Josephus Ant 17, 321). Josephus nennt einen Freigelassenen von Agrippas I. Mutter Berenike mit Namen
(Ant 18, 156). Kypros, die Frau Agrippas I., ist imstande,
dem Alabarchen Alexandros die Rückzahlung eines Darlehens
von 200.000 Drachmen, das er ihrem Mann gewährt hat, zu-
zusichern (Josephus Ant 18, 159 f.). Caligula will Agrippas I.
Schwester Herodias zunächst ihr Privateigentum belassen,
als er ihren Mann nach Lyon verbannt (Josephus Ant 18, 253).
Nach klassischem jüdischen Recht war die Erbfolge bekannt-
lich so geregelt, daß Töchter nur dann erben, wenn keine
Söhne vorhanden sind (Num 27, 6 - 11; M B bat 8, 1; 1).
Eine Ausnahme machten nur solche Töchter, die nach dem Tod
des Vaters unversorgt zurückblieben. Ihnen billigt Philon
das gleiche Erbrecht zu wie den Söhnen (SL 2, 124 f.),
während die Rabbinen den Anspruch auf 1/10 des Vermögens
begrenzen (b Ket 68 b/69 a). Sowenig die Tochter erbt, sowenig vererbt die Frau dem Mann. Andererseits vererbt die
Mutter dem Sohn (M B bat 8, 1). Diese gesetzliche Erbfolge
konnte auf zweierlei Weise unterlaufen werden: einmal durch
die Schenkung, die sofort in Kraft tritt, zum anderen durch
das Testament, dessen griechische Bezeichnung zusammen mit
der Sache übernommen wurde, als schriftliche Verfügung eines
Kranken für den Todesfall, die geändert oder zurückgenommen
werden konnte (T B bat 8, 10; j Pea 172, 68 ff.; vgl. M B
bat 8, 6). Danach ist das testamentarische Vermächtnis
kein Erbe, sondern eine Schenkung für den Todesfall. In
diesen Rahmen wird auch die Berücksichtigung von Hiobs
Töchtern einzuordnen sein, als ihr Vater vor seinem Tod
sein Vermögen verteilt (Test Hi 45 ff.). Testamentarisch
zu Erben eingesetzte Jüdinnen sind aus Ägypten bekannt.
So hat eine Dionysia im Jahre 13 v. Chr. von einem gewissen
Theodoros 200 Silberdrachmen geerbt; das Testament wurde
im jüdischen Archiv aufbewahrt (CPJ 143). Ein Erblasser

hat im Jahre 10 v. Chr. seinen Sohn und eine Freigelassene
namens Martha je zur Hälfte als Erben eingesetzt (CPJ 148).
Im Jahre 137 n. Chr. besitzt Isakus eine Tenne von ihrem
Mann (CPJ 455). Laut Testament fielen der Herodesschwester
Salome die Orte Jamnia, Azotos und Phasaelis sowie 500.000
Silberdrachmen zu (Josephus Ant 17, 147. 189. 321; Bell
1, 646). Außerdem schenkte ihr Augustus den Königspalast
in Askalon (Josephus Ant 17, 321). Eine testamentarische
Verfügung muß auch den juristischen Hintergrund dafür bilden, daß Judith das Vermögen ihres Mannes besitzt
(Jud 8, 7)[76]. Es ist nur folgerichtig, wenn auch
die Frauen dann dank dem Instrument des Testaments die gesetzliche Erbfolge abänderten. Von Agrippas I. Mutter
Berenike ist bekannt, daß sie testamentarische Verfügungen
getroffen hat (Josephus Ant 18, 156). Salome vermachte
Livia, der Frau des Augustus, den Küstenort Jamnia samt
der ganzen Toparchie und die Orte Phasaelis und Archelais
im Jordantal (Josephus Ant 18, 31; Bell 2, 167). Hinsichtlich der Verfügungsgewalt zu ihren Lebzeiten ist nach
rabbinischem Recht die Heimführung maßgebend. Mit den
Gütern, die ihr davor zugefallen sind, kann sie nach ihrem
Gutdünken verfahren. Um etwas von den Gütern verkaufen oder
verschenken zu können, die ihr danach zufallen, braucht
sie die Zustimmung des Mannes, dem die Nutznießung zusteht.
Allerdings sollte sie nach der Auffassung der Hilleliten
es tunlichst vermeiden, Güter zu veräußern, die ihr zwischen
Ehebegründung und Heimführung zufallen (M Ket 6, 1; 8, 1 - 3;
vgl. auch M Ket 4, 4). Den Mann vom Besitz auszuschließen,
ist nicht das Zeichen einer "vernünftigen Tochter" (Sir
22, 4 G). Leider geben die erhaltenen Nachrichten keine
genaue Auskunft darüber, ob nach rabbinischer Rechtsauf-
fassung verfahren wurde, oder Einflüsse aus anderen Rechts-
systemen vorliegen, die eine größere Selbständigkeit der
Frau kennen. Wo der Mann neben der Frau erscheint, oder das
Rechtsgeschäft zu seinen Gunsten getätigt wird, dürfte man
wohl sein Einverständnis voraussetzen. Wenn die Frau allein,
allenfalls mit dem Tutor (siehe unten) erscheint, kann man
zwar größere Selbständigkeit annehmen, doch ist es genauso

gut möglich, daß sie als unverheiratete Volljährige, als
Geschiedene oder als Witwe handelt. Ein Pachtvertrag,
von einer Frau in Ägypten über eigenes Land abgeschlossen,
der zusätzlich zur Unterschrift des Sohnes als Tutor auch
noch die Signatur des Mannes trägt (CPJ 453), wie die Bürg-
schaft, die Kypros für das ihrem Mann Agrippa I. gewährte
Darlehen leistet (Josephus Ant 18, 159 f.), kann man zu
den Fällen zählen, wo das Rechtsgeschäft wohl nicht gegen
den Willen des Mannes stattfindet. Auch die Stiftungen,
die Ehepaare und ganze Familien Synagogen in Ionien, Syrien,
Palästina und Ägypten zufließen ließen (CII 744. 813. 818.
856. 1444), wird man hier einreihen müssen. Die vom jüdischen Recht zuerkannte Verfügungsgewalt kann nicht ausgeschlossen werden, wenn eine Frau Land verpachtet hat
(CPJ 462 d. e.) oder als Bürge mit ihrem Sohn als κύριος
auftritt (CPJ 26). Auch die Stiftungen zugunsten des
Tempels (M Ar 5, 1; b Ar 19 a) oder von Synagogenbauten
in Ionien, Phrygien und Syrien, die von Frauen allein bezeugt werden (CII 738. 766. 806. 807. 808. 811. 816),
können Fälle sein, wo die Verfügungsgewalt nach jüdischem
Recht bei der Frau lag.

6.9. Frau und Mann

Wohl gibt es noch andere Formen menschlicher Gemeinschaft,
wie unter Brüdern oder unter Freunden. Wichtigste Form ist
jedoch die Gemeinschaft von Frau und Mann. Nicht ohne Grund
stellt sie Ben Sira an die letzte Stelle seiner Aufreihung
(Sir 25, 1 G). Da wahre Gemeinschaft aber nur durch Eintracht lebt, ist es gerade diese höchste und wichtigste
Form menschlicher Gemeinschaft, die ihrer bedarf. Stoisches
Gedankengut aufgreifend, kommt Philon immer wieder auf
die Bedeutung der Eintracht, ja der Seeleneinung, für
die Ehe zu sprechen (Mos 1, 7; Q Gen 2, 26; 3, 21), wie
auch das römische Recht sie anerkennt (Dig. 24. 1. 57).
Er stellt einen Tugendkatalog von Besonnenheit, Häuslichkeit
und Eintracht auf, der für beide Geschlechter gleichermaßen
gelten soll (SL 1, 138). Die Ausführungen zum Leitbild,

auf das hin der weibliche Mensch sozialisiert wurde, haben
eigentlich schon zur Genüge gezeigt, daß es sich um eine
Eintracht eigener Art handeln mußte, die darin bestand,
daß das unterschiedliche Gewicht von Mann und Frau gewahrt
wurde. Mann muß Mann, Frau muß Frau bleiben. Ohne Zweifel
soll er die Frau lieben (vgl. z. B. b Jeb 62 b), aber er
darf sich nicht vom πάθος der Liebe überwältigen lassen,
weil er sonst die Führungsqualität verliert (4 Makk 2, 11)
und sich in typisch weibliches Verhalten hineinsteigert:
die keiner Herrschaft unterworfene Eifersucht (ζηλότυπος
ἀκρατῶς ; Josephus Ant 5, 276 ff.; vgl. auch Sir 9, 1 H).
Überlegen kalkuliert er die weibliche Psyche in den Umgang
ein (z. B. b B meṣ 59 a). Die Liebe zur Ehefrau wird gesehen als Instrument, das die Eintracht, nicht zuletzt zum
Vorteil des Mannes, bewerkstelligt. Treffend sagen dies
die Hexameter des ps.-phokylideischen Lehrgedichts:
"Liebe deine Frau; denn was ist angenehmer und besser,
als wenn eine Frau ihrem Mann freundlich gesinnt ist bis
ins hohe Alter, und ein Mann seiner Frau, ohne daß Kampf
sich einstellt" (Ps - Phok 195 - 197). Ihre rechte Ge-
sinnung besteht darin, daß sie ihrem Mann in die unheim-
liche Fremde folgt, wie Lea und Rahel dem Jakob folgten
(Josephus Ant 1, 318). Lotet man diese sich unterwerfende
Liebe aus, so erreicht sie ihre Tiefe in der Bereitschaft
zu Handlungen, die der Konvention Hohn sprechen. Hiobs
Frau trägt Wasser, um Brot für ihren Mann zu bekommen
(Test Hi 21, 2). Sie geht für ihn betteln (Test Hi 22, 3).
Schließlich opfert sie sogar ihr Haar für sein Brot
(Test Hi 23, 10; 24, 10; 25, 6). Das Haaropfer wird zum
Topos fraulicher Aufopferung (j Schab 7 d, 65; j Soṭ 24 c,
5: R. ʿAḳibas Frau).

Als exemplarisch für das Verhältnis Mann - Frau, wo der
Mann seiner Leidenschaft erlegen ist, und die Frau sich
nicht unterwirft, kann Josephus' Darstellung von Herodes'
des Großen "romanhafter Liebe" (Ant 15, 218) zur adels-
stolzen Hasmonäerin Mariamme gelten. In zwei einander
ähnlichen Szenen (Ant 15, 63 ff. 185 ff.), die eine mit

der Reise verbunden, die der König antritt, um sich vor
Antonius zu verantworten, die andere mit seiner Reise zu
Oktavian, die ihm notwendig erscheint, um den Sieger von
Aktium für sich einzunehmen, beschreibt er, wie Herodes
in seiner mit Eifersucht gepaarten Liebe so weit ging,
einen Befehl zu hinterlassen, Mariamme für den Fall seines
Todes umzubringen. Beide Male halten die Wächter, bei der
zweiten Reise überwachen sich zwei Wächter gegenseitig,
nicht dicht. Herodes interpretiert die Kenntnis des
Befehls, der auf Mariamme keineswegs als das Zeichen
unüberbietbarer Liebe wirkt, nicht zuletzt unter dem
Einfluß seiner intriganten Schwester Salome, als Beweis
des Ehebruchs mit seinem Schwager Joseph bzw. seinem
Vertrauten Soaimos. Beide werden hingerichtet, während
er, zwischen Liebe und Haß schwankend, sie am Leben läßt.
Doch Salome gelingt es, daß ihr Bruder die Hasmonäerin
der Giftmischerei anklagen und hinrichten läßt. Nach ihrem
Tod versucht er, sich vorzuspiegeln, sie sei noch am Leben,
indem er die Diener laut ihren Namen rufen läßt. Der Kern
solcher pathetischer Geschichtsschreibung[77] ist, daß
bei Herodes tatsächlich die Vernunft die Leidenschaft nicht
kontrolliert hat, sonst wäre er sich bewußt gewesen, daß
er von einer Frau, deren Bruder und Großvater er hat um-
bringen lassen, nicht erwarten kann, daß sie ihm seine
Liebesschwüre glaubt, zumal Mariammes ausgeprägter Stolz
auf ihre Abkunft ihr die sich hingebende Unterwerfung nicht
erlaubte. Eine Hasmonäerin läßt sich nicht ins Bett zitieren, wenn und wann es dem Herrn beliebt, erzählt Josephus
(Ant 15, 222). Zum Herodesbruder Pheroras merkt Josephus
an, er sei seiner Frau, seiner Schwiegermutter und seiner
Schwägerin hörig gewesen (Josephus Ant. 17, 34). Allerdings
bewegte sich Mariammes Verhalten noch ganz im Rahmen
patriarchalischer Vorstellungen; denn sie lehnte sich in
der Ehe, in die ihr Großvater mütterlicherseits Hyrkanos
und ihre Mutter Alexandra mit großer Sicherheit nur aus
politischen Gründen eingewilligt hatten, um sich des
Schutzes des Herodes gegen den Neffen bzw. Schwager
Antigonos zu versichern[78], nicht so sehr als Person
auf denn als Familienmitglied. Als solches handelte sie

auch, als sie Herodes dazu drängte, ihrem Bruder Aristobulos die Hohenpriesterwürde zu übertragen, die er gerade
Hananel, einem aus Babylonien stammenden Priester, einem
Freund, verliehen hatte (Josephus Ant 15, 31. 41). Von
einem, wenn auch schüchternen Protest dagegen, als Frau
nur durch den Mann definiert zu werden, hören wir an ganz
unerwarteten Stellen: im Umfeld der Rabbinen. Jehudit,
die Frau R. Hijjas (Ende 2. Jh. n. Chr., Palästina),
sterilisierte sich selbst, nachdem sie sich hatte sagen
lassen, daß das Gebot zur Fortpflanzung ja eigentlich nur
den Mann betreffe (b Jeb 65 b). R. Nahmans (gest. um 320
n. Chr.; Babylonien) Frau Jalta soll wie ein Berserker ge-
wütet haben, als 'Ulla im Hause ihres Mannes ihr nicht
den Segensbecher mit Wein schicken wollte, da des Weibes
Frucht nur dank des Mannes Frucht gesegnet sei (b Ber 51 b).

Frauen des Hochadels retteten in der Tat ihre Männer vor
dem Untergang. Als Agrippa I. sein gesamtes Vermögen ver-
schleudert hatte und, nicht mehr imstande, sich seiner
reichen Gläubiger zu erwehren, als einzigen Ausweg
nur noch den Selbstmord sah, bat seine Frau Kypros seine
Schwester Herodias und deren Mann, den Herodessohn Herodes
Antipas, den Tetrarchen von Peraea und Galilaea, um Hilfe.
Sie erreichte, daß diese ihm Tiberias als Wohnsitz an-
wiesen, eine bestimmte Summe zur Bestreitung seines Lebens-
unterhaltes aussetzten und einen Posten in der örtlichen
Verwaltung überließen, was freilich nicht viel half
(Josephus Ant 18, 147 - 150). Daher erleben wir noch einmal, wie schon erwähnt, daß Kypros sich auf den Weg macht,
ihm ein Darlehen zu erbetteln, für das sie sich verbürgt
(Josephus Ant 18, 159 f.). Auch Herodias muß in diesem
Zusammenhang wieder genannt werden. Sie wies Caligulas
geplanten Gnadenerweis zurück und folgte ihrem Mann in
die Verbannung, den Verlust ihres eigenen Vermögens in
Kauf nehmend, weil sie sich die Schuld zuschrieb, da sie
ihren Mann dazu gedrängt hatte, ebenfalls den Königstitel
von Caligula zu erwirken, dessen Verleihung sie ihrem Bruder, den sie und ihr Mann gewissermaßen aus der Gosse ge-

zogen hatten, neidete. "Es gehört sich nicht, daß ich,
die sein Glück geteilt hat, ihn im Stich lasse, wo er vom
Unglück betroffen ist."(Josephus Ant 18, 240 - 254 -
Zitat 254; Bell 2, 181 - 183). Eine reiche Jüdin namens
Berenike fiel der Privatrache zum Opfer, die der römische
Statthalter der libyschen Pentapolis, Catullus, gegen ihren
Mann inszenierte (Josephus Bell 7, 445).

Wie nun Frau und Mann täglich, in den sogenannten kleinen
Dingen, miteinander umgingen, erfährt man aus Nachrichten,
die diese Kreise betreffen, kaum. Sie führten kein all-
tägliches Leben, und wenn doch, so verhinderte der Stil
der Geschichtsschreibung, den Josephus pflegte, mit seiner
Vorliebe für das Tragische, daß etwas davon der Nachwelt
zu Ohren kam. Eher läßt sich beiläufigen Bemerkungen in
der rabbinischen Literatur entnehmen, wie man sich gegenseitig auf die Nerven ging, sich satt hatte, aber auch
sich umsorgte und aufeinander hörte. Da gab es Frauen,
die immer genau das Gegenteil taten von dem, was der Mann
gesagt hatte (b Jeb 63 a). Da gab es Männer, die an ihrer
Frau immer etwas auszusetzen hatten (b Taan 23 b). Da gab
es Männer, die sich auf die Kenntnisse und Erfahrungen
ihrer Frau verließen (b Ket 39 b; 85 a). Da gab es schließlich Frauen, die ihren Mann vor bösen Geistern schützen
wollten (b Ber 62 a). Mit alledem sind wir aber wieder
bei der Elite angekommen. Wohl die meisten Frauen, die
in der Prosopographie (s. 12.) erscheinen, würden sich
hier nicht wiederfinden.

6.10. Mutter und Kinder

Da der Hauptzweck der Ehe wie im römischen Recht[79] in der
Zeugung legitimer Kinder gesehen wurde, soll die folgende
Tabelle wenigstens groben Aufschluß über die Kinderzahl einer
Mutter geben.

Kinderzahl insgesamt	Knaben	Mädchen	Gegend	Beleg
1	1	-	Jerusalem	Jos Ant 14,300
1	1	-	Jerusalem	Jos Ant 17, 21
1	-	1	Jerusalem	Jos Ant 17, 21
1	-	1	Jerusalem	Jos Ant 17, 21
1	1	-	Jerusalem	Jos Bell 1, 562
1	-	1	Jerusalem	Jos Ant 18, 136
1	1	-	Peräa	Jos Bell 6, 208
1	1	-	Jerusalem	Jos Ant 12, 186
1	-	1	Italien	CII 611
1	1	-	Ägypten	CPJ 421 Stand bei Steuererhebung
1	-	1	Ägypten	CPJ 421 Stand bei Steuererhebung
2	1	1	Jerusalem	Jos Ant 15, 23
2	2	-	Jerusalem	Jos Ant 17, 21
2	1	1	Ägypten	CPJ 421 Stand
2	wenigstens ein Sohn		Ägypten	CPJ 473 Steuererhebung
2	1	1	Athen	CII 712 überleb.?
2	1	1	Phrygien	CII 779 überleb.?
3	2	1	Jerusalem	Jos Bell 1, 562
3	1	2	Jerusalem	Jos Ant 16,227 Bell 1, 566
3	3	-	Jerusalem	Jos Ant 18, 137
3	keine Angaben		Rom	CII überleb.?
3	3	-	Galatien	CII 797 überleb.?
1	1	-	Palästina/ Rom	Jos Ant 20, 144
4	2	2	Jerusalem	Jos Ant 14, 79-90
4	2	2	Palästina	b Jeb 65 b
5	4	1	Palästina	Jos Ant 14, 121
5	3	2	Jerusalem	Jos Bell 1, 435
5	3	2	Jerusalem	Jos Ant 17, 12
5	3	2	Jerusalem	Jos Ant 18, 131
5	2	3	Jerusalem	Jos Ant 18, 132
5	keine Angaben		Palästina	Jos Bell 7, 399
5	3	2	Rom	CII 12 überleb.?
7	7	-	Jerusalem	Jos Ant 12, 186
7	7	-	Palästina	Jos Bell 1, 312
7	7	-	Jerusalem	j Meg 72a, 58 ff. b Jom 47 a Diese Angaben sind mit großer Wahrscheinlichkeit nicht historisch; vgl. 2 Makk 7.

Danach betrug die durchschnittliche Zahl der (überlebenden)
Kinder 2,7. Die Zahl der Knaben übertraf die der Mädchen um
nahezu das Doppelte. Sowohl Geburtenrate als auch das Überwiegen des männlichen Geschlechts decken sich ziemlich mit
den römischen Verhältnissen[80']. Die Kinderzahl ist zur
Häufigkeit umgekehrt proportional mit einer signifikanten
Ausnahme: zwischen die Mütter mit zwei Kindern und die Mütter
mit einem Kind schieben sich die Mütter mit fünf Kindern.
Auffällig ist die große Anzahl von Müttern mit einem Kind:
12 von 33. Trotz der beschränkten Aussagekraft der Zusammenstellung kann man also annehmen, daß rund ein Drittel aller
Mütter nur ein (überlebendes) Kind hatte. Die belehrende
Literatur trifft sich mit diesem Bild. Von drei im Tobitbuch genannten Müttern mit zusammen acht Kindern haben zwei
nur ein Kind (Tob 1, 9; 3, 15; 14, 3.12). Angesichts des
(relativen) Lebensrechts der Neugeborenen (s. 5.1.) wie
der angenommenen Pflicht zum häufigen Beischlaf (M Ket 5,6),
überrascht dieses Ergebnis. Allerdings lassen sich mehrere
Gründe dafür ins Feld führen:

1. die Kindersterblichkeit (s. u. Tabelle, allerdings nur
   für Mädchen),
2. die hohe Sterberate der Frauen im gebärfähigen Alter
   (s. u. Tabelle); ein Sonderfall davon ist der Tod im
   Kindbett (ausdrücklich festgehalten CII 1481. 1515. 1530),
3. die lange Stillzeit, die manchmal Schwangerschaften verhinderte, wo aber durch Benutzung eines Tampons die
   Schwangerschaft verhütet werden sollte (T Nid 2, 6).

Natürlich gab es in allen Schichten auch Frauen, denen keine
Kinder beschieden waren (Josephus Bell 1, 563; Ant 18, 131;
CII 1500. 1530). Die Meinung, Kinderlosigkeit sei ein Zeichen von Gottlosigkeit (Sir 11, 14 H), ließ sich nicht
halten. War es nicht besser, kinderlos zu sterben, als un-
geratene Kinder zu bekommen (Sir 16, 3 H)? Richtet Ben Sira
eigentlich an den Mann die Frage, so denkt man doch auch
ausdrücklich an die Frau. Die unbefleckte Unfruchtbare wird
bei der Heimsuchung der Seelen ihre Frucht empfangen (Sap 3,
13; vgl. 4, 1 - 6).

Die Stillzeit dauerte sehr lange, etwa achtzehn Monate
(b Ket 50 b). Zwei (M Git 7, 6) oder drei (2 Makk 7, 27)
Jahre werden angenommen. Manchmal konnte sie noch länger
dauern (T Nid 2, 3). Entweder stillte die Mutter selbst
(Josephus Bell 6, 208; 3 Makk 1, 20; 5, 49 f.; M Ket 5, 5),
oder, sofern man wohlhabend war, übertrug man diese Aufgabe
einer Amme (3 Makk 1, 20; Test XII Naphtali 1, 9; M Ket 5,
5). Die Tätigkeit einer Amme konnte eine Frau ohne weiteres
übernehmen, da sie nicht in der Öffentlichkeit ausgeübt
wurde. Aus dem Jahr 13 n. Chr. hat sich ein Vertrag erhalten, nach dem sich eine Jüdin in Ägypten verpflichtet,
zum Monatslohn von acht Drachmen und etwas Öl achtzehn
Monate lang einen Findling zu stillen (CPJ 146; vgl. auch
CPJ 147). Da das Alter des Findlings nicht genannt wird,
überdies die Auftraggeber Nichtjuden sind, kann man die
vereinbarte Stillzeit nicht bewerten. Jedenfalls entspricht
die vereinbarte Zeit der hillelitischen Anschauung (s. o.).

Allgemein herrschte der Glaube, daß die Bindungen zwischen
Mutter und Kind inniger seien (4 Makk 15, 4 f.). Er macht
sich sogar bemerkbar, wenn die biblische Geschichte nach-
erzählt wird. Abraham verschweigt Sara Gottes Befehl zur
Opferung Isaaks (Josephus Ant 1, 225). Er gibt auch den
Hintergrund ab, vor dem Josephus die Schauergeschichte erzählt, im belagerten, gleichzeitig vom Bürgerkrieg zer-
rissenen Jerusalem habe eine Frau, keinen anderen Ausweg
mehr vor Augen, ihren Säugling geschlachtet, gebraten, gegessen und angelockte Plünderer zum Mitessen eingeladen
(Josephus Bell 6, 201 - 213). Auch wenn die Kinder erwachsen
sind, besteht die besondere Beziehung der Mutter zu ihren
Kindern weiter. Sie weinte, wenn der Sohn in die Ferne zog
(Tob 5, 18 ff.), wenn sie die Nachricht von seinem Tod erhielt (Tob 10, 4 ff.). Die Tochter tröstete sie, bevor sie
ins Brautgemach geführt wurde (Tob 7, 16). Wenn Mütter dafür
Sorge trugen, daß ihre Söhne beschnitten wurden (1 Makk 1,
60; 2 Makk 6, 10; b Schab 134), obwohl die Veranlassung der
Beschneidung eigentlich in die Zuständigkeit des Vaters
fiel (Gen 17), so ist das ein deutlicher Hinweis darauf,
daß die Eltern im allgemeinen Bewußtsein die Verantwortung
teilten, daß ihre Kinder als rechte Juden aufwuchsen. Aus

dieser Verantwortung fließt es auch, wenn eine Witwe ihre
Söhne zum Erlernen eines Handwerks anhält (Josephus Ant 18,
314).(Zur Belehrung durch die Mutter siehe oben). Belehrung
des Knaben durch die Großmutter hält das Tobitbuch für
möglich (Tob 1, 8).

Daß die erwachsenen Kinder, in erster Linie sind die Söhne
gemeint, die Mutter zu respektieren haben, geht auf den
Dekalog zurück, der nicht den Elternbegriff kennt, sondern
die Mutter neben den Vater stellt (Ex 20, 12; Deut 5, 16).
Der Weisheitslehrer schärft diesen Respekt seinen Schülern
ein (Sir 3, 2 G; 6 H, 9 H). Er begründet ihn auch: Der
Mutter stehe die Achtung zu, weil sie die Geburtsschmerzen
ausgehalten habe (Sir 7, 27 G; Tob 4, 3 f.).

Im Folgenden sollen einige Fälle historischer Mutter-Kind-
Beziehungen genannt werden. Eine Mutter, die sich in
Feindeshand befindet, ist geradezu die ideale Gelegen-
heit, den Sohn politisch-militärisch zu nötigen.Die
Mutter des Hyrkanos beschwor ihn, lieber ihren Tod in
Kauf zu nehmen, als vor dem Feind zurückzuweichen (Josephus
Ant 13, 230 ff.). Alexandra, Mariammes und des Aristobulos
Mutter, versuchte zweimal, die letzte Kleopatra für ihre
Zwecke einzuspannen. Das erste Mal sollte diese über
Antonius auf Herodes einwirken, ihrem Sohn die ihm eigent-
lich zustehende hohepriesterliche Würde zu übertragen; dann
wollte sie mit ihrer Hilfe seine Ermordung an Herodes rächen
(Josephus Ant 15, 23 ff.). War hier wohl eher die Familien-
ehre die treibende Kraft, so war es im Fall der Herodesfrau
Doris die Angst einer Mutter um das Leben des Sohnes, was
sie den Antipatros brieflich vor der Heimkehr warnen ließ
(Josephus Ant 17, 93). Herodes geriet fast außer sich, als
er das Leben seiner Mutter bei einer banalen Gelegenheit -
ihr Maultier rutschte aus - in Gefahr sah (Josephus Ant
14, 356). Ihr zu Ehren nannte er eine neu erbaute Stadt
Kypros (Josephus Ant 16, 143). Agrippa hatte vor seiner
Mutter einen solche Respekt, daß er es erst nach ihrem Tod
wagte, das Geld mit vollen Handen unter die Leute zu bringen (Josephus Ant 20, 144 f.). Andererseits kümmerte sich
der Hasmonäer Aristobulos I. (reg. 104 - 103 v. Chr.) nicht

im geringsten um die Erziehung, die ihm zuteil geworden
war, sondern ließ seine eigentlich zur Regentin bestimmte
Mutter einkerkern und in der Haft verhungern (Josephus Bell
1, 71; Ant 13, 302). Dramatisch hat Josephus ausgemalt,
wie die zum Tod verurteilte Mariamme auf dem Weg zur Hin-
richtung ihrer Mutter Alexandra begegnet. Aus Angst, in
die Katastrophe mitverwickelt zu werden, macht Alexandra
ihrer Tochter hemmungslose Vorwürfe, während Mariamme die
Würde der Familie wahrt - das in aller Öffentlichkeit, die
der Geschichtsschreiber auftreten läßt (Josephus Ant 15,
232 - 235)[81]. Salome beutete die Bindung ihrer Tochter aus, um sie anzustiften, ihr alle von ihrem Mann anver-
trauten Geheimnisse zu verraten, den sie ihr auf diese Weise
entfremdete. Des Josephus eigene Mutter bangte um ihren
Sohn, während sie sich öffentlich kühl zeigte (Bell 5,
544 - 546).

6.11. Der häusliche Alltag

Die häuslichen Arbeiten, welche von der Frau erwartet wurden,
sind Mahlen des Mehls, Backen, Waschen, Kochen, das Kind
Stillen, das Bett des Mannes Machen und Wolle Verarbeiten
(M Ket 5, 5). Daß diese Aufzählung städtische Verhältnisse
im Blick hat, liegt auf der Hand. In der vorwiegend agrarisch
bestimmten Gesellschaft Palästinas und Babyloniens haben
die Frauen aber auch auf dem Feld gearbeitet. Sie haben
bei der Getreideernte, beim Einsammeln der Oliven und bei
der Weinlese mitgeholfen (M Jeb 15, 2; b Jeb 116 b; M B
meṣ 7, 6; M Edu 1, 11). Die Arbeitslast, die man der Frau
aufbürdete, hing natürlich auch von der gesellschaftlichen
Schicht und dem jeweiligen Lebensstandard ab (M Ket 5, 5).
Die Verarbeitung von Wolle, d. h. Spinnen und Weben, gehörte
mit Sicherheit zur weiblichen Erziehung (vgl. Tob 2, 11;
b Ned 49 b/50 a), und konservative Kreise, den Römern ähnlich, die sich an einen solchen letzten Rest ihrer Frühzeit
klammerten[82], legten Wert darauf, daß diese Fähigkeiten
nicht vergessen wurden, wobei man um Begründungen nicht
verlegen war: "Müßiggang führt zur Unzucht" (M Ket 5, 5).
Wie alle Sprichwörter dürfte auch dieses ab und zu seine
Entsprechung in der Wirklichkeit gehabt haben, erst recht,

wenn man an die allgemeiner gehaltene deutsche Version denkt.
Ihre Neigung zu Intrigen (z. B. Josephus Ant 17, 220 ff.)
hätte Salome bestimmt nicht mit den verheerenden Folgen
ausleben können, hätte sie nicht über reichlich freie Zeit
verfügt, die sie nicht besser zu verwenden wußte. Wenigstens
die aus Wolle angefertigte Kleidung, meistens auch die aus
Leinen, wird also im Haus entstanden sein.

Schon die Tora schreibt vor, daß die Kleidung der Geschlechter sich zu unterscheiden habe (Deut 22, 5; Josephus Ant 4,
301). Als Hauptmerkmal der Frauenkleidung galt die Farbe
(S Deut § 226; T Ket 7, 8). Von bunter Frauenkleidung
glaubte man sogar, sie könne den Mann sexuell stimulieren
(M Zab 2, 2). Teilt die jüdische Frauenkleidung die Betonung
der Farben mit der hellenistischen Mode[83], so erweisen
die zahlreichen griechischen und lateinischen Fremdwörter,
mit denen die rabbinische Literatur die Teile der Frauenkleidung benennt[84], völlig, daß wir uns die Frauentracht
ganz nach hellenistischem Vorbild, in Italien wohl auch
nach römischem Muster, zu denken haben. Festtage sollten
sich durch die Kleidung vom Alltag abheben (Jud 10, 3;
Mek zu Ex 12, 16 [S. 30 Horovitz-Rabin] ; S Num § 147),
wie auch die Trauer durch die Kleidung bekundet wurde
(2 Makk 3, 19; Krauss TA 2, 71). Witwen legten in der
Regel die Trauertracht nicht mehr ab (Jud 10, 3; Krauss
TA 2, 71): Gerade ärmere Schichten dürften bei der Arbeit,
zumal im Haus, ihre Kleidung abgelegt haben, um sie zu
schonen (M Hal 2, 3). In der Öffentlichkeit trug die
ordentlich gekleidete Frau auf dem zusammengehaltenen
Haar eine Kopfbedeckung (Jud 10, 3; Josephus Ant 3, 270).
Das Haar, das man wachsen ließ (S Deut § 305; vgl. § 212),
wurde geflochten (z. B. M. Schab 10, 6). Es war üblich,
es in einem Haarnetz - übrigens für Wohlhabendere eine
Gelegenheit, Luxus zu treiben - zusammenzuhalten (M Kel
24, 16; 28, 10; T Kel B bat 2, 10; 5, 14). Wie mit ihrer
Kleidung, so dürfte die antike Jüdin mit ihrer Frisur die
jeweilige hellenistische und römische Mode befolgt haben[85].
Von den vorgeschriebenen kultischen Waschungen und Bädern abgesehen (etwa nach der Menstruation oder nach einer Geburt),
erstreckte sich die tägliche Reinigung auf Gesicht, Hände

und Füße (T Ter 7, 14; b Schab 95 a Bar). Wohlhabendere
Frauen pflegten zu baden und anschließend die Haut mit
wohlriechenden Ölen und Salben, d. h. mit Balsam, Myrrhen-
oder Nardenöl (TA 1, 236 f.), einzureiben (Jud 10, 3;
Add Dan 2, 15 - 18; j Ket 31 b, 42; b M kat 9 b), zuhause,
im Freien an abgelegenen Stellen oder auch in öffentlichen
Bädern (T Nid 6, 15). Baden hebe das Wohlbefinden und för-
dere die Schönheit der Frau (M Ned 11, 1; b Ned 80 a).
Eigentlich betrieb sie Körperpflege und Schminken nicht
für sich, sondern um ihres Mannes willen (T Ned 7, 1).
Die gepflegte Frau schminkte sich, schnitt die Nägel und
entfernte sich die Intimhaare (b M kat 9 b). Die Augen
wurden mit Stibium (כוחל) betont, während "auf das Gesicht"
eine aus der Rotalge gewonnene violette (fucus, φῦκος ,
פיקס) oder hellrote Schminke (סרק), auch Bleiweiß
(cerussa) aufgelegt wurden. Als Haarentferner benutzte
man Öle, bestimmte Erden und Kalk.

Was Judith vor ihrem Gang zu Holofernes anlegt, Schritt-
kettchen, Armbänder, Fingerringe, Ohrringe (Jud 10, 4),
liest sich, ähnlich Jes 3, 18, wie ein Katalog der üblichen
Schmuckstücke, der noch um Halsketten und Nasenringe
(M Kel 11, 8) zu ergänzen wäre. In Material und Verarbeitung drückte sich persönlicher Geschmack, in erster Linie
jedoch der ökonomische Status aus. Konnte einerseits ein
hoher Aufwand getrieben werden, so traten andererseits
Perlen oder Einlagen aus Glas oder Fayence an die Stelle
echter Perlen oder Edelsteine. Meist stellte der Schmuck
Geschenke des Mannes dar, was bei einer Scheidung dazu
führen konnte, daß der Mann ihn einbehielt (Josephus Bell
1, 590; Ant 17, 68). Vom jüdischen Adel ist auch bekannt,
daß Frauen sich porträtieren ließen (Josephus Bell 1, 439;
Ant 19, 357).

6.12. Das Ende der Ehe

6.12.1. Die Scheidung

Die Ehe endete mit dem Tod eines der Ehegatten oder mit
Scheidung. Für die Frau bedeutete das keinerlei Unter-

schied, konnte sie doch den Scheidungswillen des Mannes
kaum beeinflussen. Vorherrschende, wenn auch nicht allgemein gebilligte Ansicht war, daß der Mann sich jedes be-
liebigen Grundes bedienen konnte, wenn er die Frau ent-
lassen wollte (Deut 24, 1 - 4; Sir 25, 26; Philon SL 3,
30. 80; Josephus Ant 4, 253; M Jeb 14, 1; M Git 9, 10).
Nicht nur fehlende Virginität, die Verletzung der Kon-
ventionen im Umgang mit anderen Männern (="Unzucht") oder
Ungehorsam gegenüber dem Mann, kamen in Frage, angegeben
werden konnte auch, sie habe das Essen anbrennen lassen
oder einfach, es habe sich eine schönere gefunden (ibid).
Herodes entließ seine erste Frau Doris und Mariamme, die
Tochter des Hohenpriesters, weil er sie der Mitwisser-
schaft an gegen ihn gerichteten Verschwörungen verdächtigte
(Josephus Ant 17, 68. 78). Archelaos entließ seine Frau,
weil er sich in Glaphyra verliebt hatte (Josephus Bell 2,
115; Ant 17, 350). Ihr Lebenswandel war der Grund, warum
Flavius Josephus die Frau, die er in Alexandria geheiratet
hatte, in Rom entließ (Vita 427). Eine unerträgliche
Situation ergab sich, wenn das Gebot, Kinder zu zeugen,
wie man Gen 1, 28 in Übereinstimmung mit den herrschenden
griechischen und römischen Anschauungen interpretierte[86],
mit der Zuneigung der Ehegatten kollidierte. Hatten sich
nach zehn Jahren des ehelichen Zusammenlebens, einer Frist,
die auch Platon in diesem Zusammenhang annimmt (Nomoi VI
784 B), noch keine Kinder eingestellt, dann wurde der Mann,
um das Gebot zu erfüllen, zur Scheidung und Wiederheirat
genötigt (M Jeb 6, 6).

Natürlich kam es auch vor, daß die Frau den Mann verließ.
Eine klassische Schilderung, wie aus Streit und Ärger heraus
eine Frau wieder zu ihren Eltern zurückkehrt, liegt in
Ri 19 vor (vgl. Josephus Ant 5, 136 ff.). Ebenso hielt
es die Frau des Rabbi El'azar ben R. Schim'on
(um 200 n. Chr. in Palästina; b B meṣ 84 b). Auch den
Josephus verließ seine aus Cäsarea stammende Frau (Vita
415). Das Problem stellte sich erst, wenn eine Wiederverheiratung beabsichtigt wurde. Dazu brauchte es einen Scheidebrief (βιβλίον ἀποστασίου, γραμματεῖον, גמ,ספר כריתות   ),
den nur der Mann ausfertigen konnte (Deut 24, 1 - 4;

Josephus Ant 4, 253; M Giṭ 9, 3).Der Mann konnte dann gute
Miene zum bösen Spiel machen oder, auf sein Recht pochend,
ihn verweigern. Unter bestimmten Voraussetzungen sieht
das rabbinische Recht jedoch vor, daß der Mann gerichtlich
zur Ausfertigung des Scheidebriefes gezwungen werden kann,
wenn die Fortsetzung der Ehe für die Frau unzumutbar erscheint. Es handelt sich um Fälle, wo ekelerregende Krank-
heiten den Mann nach der Heimführung befallen oder er nach
dem genannten Termin den Beruf eines Hundekotsammlers
(Hundekot wurde zum Gerben gebraucht), eines Gerbers oder
eines Kupfergießers ergreift (M Ket 7, 10). Auch Frauen,
die von sich erklären, sie seien für ihn unrein, der Himmel
sei zwischen ihnen und ihm und sie seien von Juden hinweg-
genommen, muß der Mann mit Scheidebrief ziehen lassen
(M Ned 11, 12). Was darunter zu verstehen ist, kann man
den Worten nicht entnehmen[87]. Allmählich machte
sich dann auch der Einfluß des römischen Rechts geltend,
das ab der späten Republik auch der Frau das Recht zu-
billigt, durch Erklärung des repudiums sich zu scheiden.
Im 4. Jh. n. Chr. erkennt ein palästinischer Rabbi, dem
das repudium bekannt gewesen sein dürfte (Gen R 18,5),
der Klausel eines Ehevertrags Rechtskraft zu, welche die
Folgen des "Hasses des Mannes" oder der Frau regelt
(j Ket 30 b, 30). Hier kehrt in der Form des repudiums
das aus den Elephantine-Papyri bekannte Scheidungsrecht
der Frau wieder[88]. Betrachten wir nun einmal die
von Josephus berichteten Scheidungen, die von Frauen
initiiert wurden, die sich dann irgendwann wiederver-
heirateten. Salome, Herodes' Schwester, stritt sich mit
Kostobaros und verließ ihn dann (Josephus Ant 15, 259 f.).
Herodias, die Schwester Agrippas I., verließ ihren Mann,
um seinen Halbbruder zu heiraten unter der Bedingung, daß
dieser seine bisherige Frau verlasse (Josephus Ant 18,
109 - 113. 136). Auch die Töchter Agrippas, Drusilla
(Ant 20, 141 - 144), Berenike (Ant 20, 145 f.) und Mariamme
(Ant 20, 147) verließen ihre Männer. Über Berenikes Tun
ist rechtlich gesehen kein Wort zu verlieren. Wie gesagt
kann eine Frau ihren Mann verlassen. So behilft sich
Josephus mit dem moralischen Vorwurf, sie habe so aus
Zügellosigkeit (δι' ἀκολασίαν) gehandelt. Bei Salome,

Herodias und Drusilla verbindet Josephus seinen Bericht
mit dem Vorwurf, sie hätten die väterlichen Gesetze miß-
achtet. Hinsichtlich Drusillas weiß man nicht, ob die
Kritik sich gegen die Scheidung oder die neue Ehe mit
Felix, einem Nichtjuden, richtet. In bezug auf Herodias
ist es klar, daß er das Verlassen mit der anschließenden
Wiederverheiratung meint. Aus den Formulierungen des
Josephus ergibt sich, daß sie ohne Scheidebrief geheiratet
hat. Schwerer wiegt, und darum dürfte die Kritik hier an-
setzen, daß sie die Ehe mit einem Mann einging, der ihr
nach Lev 18, 16, verboten war (siehe 6.12.4). Die aus-
führlichste Kritik muß Salome hinnehmen. Indem sie Kostobaros einen Scheidebrief übersandte, hat sie die männliche
Prärogative usurpiert und die Mißachtung der Tora auf die
Spitze getrieben. Offenkundig wertet Josephus die Über-
sendung des Scheidebriefes schwerer als die "im Ehebruch
geschlossene" Ehe, wenn sich nicht gar eine Animosität
gegen Salome hier ausspricht. Wahrscheinlich hat Salome
in der Übertretung der väterlichen Gesetze kein eigenes
Recht gesetzt, sondern sie folgte dem römischen Recht
und erklärte das repudium. Was aber im 1. Jh. noch wort-
reiche Kritik hervorruft, hat sich im 4. Jh. wenigstens
soweit durchgesetzt, daß es zwar nicht die Regel ist, aber
doch für rechtens akzeptiert wird.

6.12.2. Der Scheidebrief

Der palästinische Scheidebrief gab also die Frau frei und
regelte die vermögensrechtlichen Folgen der Trennung. Das
besondere Interesse der Rabbinen fand die Freigabeformel.
Wenn sie sich auch nicht auf einen einzigen Wortlaut fest-
legten, so ließen sie doch nur solche Formulierungen gelten,
aus denen unmißverständlich hervorging, daß der Mann es
ist, der die Frau entläßt (M Git 9, 3; T Git 9, 6; j Git
44 b, 41 f.; b Kid 5 b). Um rechtskräftig zu sein, mußte
er darüber hinaus die vollständigen Namen des Mannes und
der Frau enthalten (M Git 4, 2), sowie mit Angabe des Orts
und Datums versehen sein (M Git 3, 2; 8, 5; b Git 7 a).
Ein unanfechtbarer Scheidebrief trug auch die Unterschrift
von Zeugen (M Git 4, 3). Der aramäische Scheidebrief aus

dem Wadi Murabba'ât vom Anfang des 2. Jh. n. Chr.
(DJD II 19) entspricht diesen Forderungen. Im einzelnen
folgen auf Datum und Ort folgende Bestimmungen:

1. Entlassungs- und Freigabeformel, wo der Mann als Subjekt,
   die Frau als Objekt des männlichen Handelns erscheint;
   von beiden wird auch der Vatersname und der Herkunfts-
   ort angeführt.

2. die Regelung der vermögensrechtlichen Folgen. Zugesichert werden die Erstattung der Mitgift (dazu s. o.
   6.7.) und vierfache Entschädigung für alles eingebrachte
   Gut, das verloren ging oder beschädigt wurde.

3. das Versprechen, den Scheidebrief gegebenenfalls zu
   erneuern. Er schließt mit der eigenhändigen Unterschrift des Mannes und dreier Zeugen.

Mehr Rechte hatte dagegen eine in Ägypten wohnende Jüdin.
Eine erhaltene Scheidungsurkunde aus Ägypten ist nach
hellenistischem Recht gestaltet (CPJ 144). Wesentlicher
Unterschied ist, daß die Scheidung einvernehmlich ge-
schieht (συγχωροῦσιν), während die Freigabe und die Regelung der vermögensrechtlichen Folgen dem palästinischen
Usus entsprechen.

6.12.3. Der Tod des Mannes

Starb der Mann, so traten die einschlägigen Bestimmungen
des Ehevertrages (6.3.7.) in Kraft, d. h. in der Regel,
daß sie im Haus des Mannes wohnen könne, bis sie sich wieder verheirate, und auch zu alimentieren sei (M Ket 4 12).
In Judäa soll davon abweichend die Möglichkeit bestanden
haben, daß die Erben die Ketubba (s. 6.7.) auszahlten und
damit das Recht auf Wohnung und Alimentation beendeten
(ibid.; vgl. M Ket 11, 1). Sie konnte aber auch ins Vaterhaus zurückkehren, was sicher nur für junge Frauen in Frage
kam. Wenn die Frauen nicht der Oberschicht entstammten
und die Freiheit besaßen, als Witwen leben zu können wie
Judith oder - als historisches Beispiel - Berenike (Josephus
Ant 20, 145), mußten sie heiraten. Dazu trieben sie einmal
die wirtschaftliche Lage, zum anderen die schwache Position
einer alleinstehenden Frau in der patriarchalischen Gesellschaft. Daß die Witwen - wie die Waisen - besonderen

Schutzes bedurften, lehren die immer wiederkehrenden
Mahnungen, sie nicht zu unterdrücken, sondern zu unterstützen (2 Makk 8, 28. 30; Sir 4, 10 H; Sib 3, 242). Zum
vorbildlichen Lebenswandel Hiobs gehörte es, daß er die
Witwen speiste (Test Hi 10, 2; 13, 4; 14, 2) und kleidete
(Test Hi 16, 3). Nicht zuletzt war auch der Ruf einer
alleinstehenden jungen Frau gefährdet (Josephus Ant 20,
145; T Ket 6, 8).

6.12.4. Die Wiederverheiratung

Schon dank dem Gebot, Nachkommen zu zeugen (s. 6.4.), wird
die Witwe oder die geschiedene Frau einen Freier nicht
entbehrt haben. Ein Priester kam für eine Geschiedene nicht
in Frage (Lev 21, 7; Josephus Ant 3, 276), eine Witwe nicht
für einen Hohenpriester (Lev 21, 24; Josephus Ant 3, 277).
Von praktischer Bedeutung war allerdings die Schwagerehe,
die einerseits verboten, andererseits geboten war. Verboten
war die Ehe mit dem Schwager, wenn der Ehemann noch lebte
oder wenn er zwar gestorben war, aber schon einen Sohn
hatte (Lev 18, 16; 20, 21). Geboten war sie, wenn der Ehemann gestorben war, ohne einen Sohn zu hinterlassen (Deut
25, 5 - 10; Josephus Ant 4, 253 ff.; Traktate Jeb in M
und T). Daneben kommt eine Rechtsmeinung auf, die die
Schwagerehe nur bei völliger Kinderlosigkeit für geboten
hält, also unter "Sohn" auch "Tochter" subsumiert (Deut
23, 5 f. LXX; Mk 12, 18 ff. parr.; S Deut § 289). Sie setzt
sich allerdings erst in nachtannaitischer Zeit durch (b B
bat 109 a). Josephus gebraucht ganz klar παῖς mit masku-
linem Artikel (vgl. auch die nachstehend besprochenen
Stellen), wie auch aus M Jeb 2, 5 zu entnehmen ist, daß
ein <u>Sohn</u> die Frau seines Vaters der Verpflichtung zur
Leviratsehe enthebt. Die Tendenz ist deutlich, die Schwagerehe möglichst einzuschränken. Solche gebotenen Schwagerehen
wurden zwar noch lange geschlossen, bis in die spättalmudische
Zeit in Babylonien[897], doch wurde der auf der Witwe
lastende Zwang immer mehr durch das Institut der Ḥaliṣa genommen, das man gegenüber der Pflicht zur Schwagerehe als vor-
rangig betrachtete (M Bek 1, 7; b Jeb 39 b) mit der Folge, daß
die Rabbinen in ihrer Funktion als Richter zur Ḥaliṣa rieten.

Rabbi Jose ben Halafta soll sogar dazu geraten haben, als Frau
und Mann eigentlich die Schwagerehe eingehen wollten (j Jeb
12 d, 75 f.; vgl. M Jeb 12, 5; j Jeb 12 c, 13 ff.; 13 a, 33;
b Jeb 102 a; 106 a). Schließlich kam der Levirat wohl überhaupt
außer Gebrauch. Wenn die zur Ehe Verpflichteten, d. h. eigentlich nur der Mann, sich davon dispensieren wollten, erschienen
sie vor dem Gerichtshof, dessen Mitglieder dem Mann zu- bzw.
abrieten. Sie brachte dann die Weigerung des Schwagers vor,
sie zu heiraten, was er bejahte. Als Antwort zog sie ihm den
Schuh aus (von dem hebräischen Wort für "Schuh ausziehen" hat
der Ritus seinen Namen), spuckte ihn an und rezitierte Deut
25, 8: "So geschehe jedem, der das Haus seines Bruders nicht
bauen will!" (M Jeb 12, 6). In Ägypten wurde die Schwagerehe
wohl nie praktiziert[90].

Die Heirat des Herodessohnes Archelaos (von Malthake) mit der
Witwe seines Bruders Alexandros (von Mariamme) war also eine
verbotene Schwagerehe, weil Glaphyra von Alexandros schon Söhne
hatte (Josephus Ant 17, 351; vgl. 17, 341). Wie oben schon kurz
angedeutet, war die Heirat der Herodias mit ihrem Schwager
Herodes (Philippos, von Mariamme II) gleichfalls eine verbotene
Schwagerehe, weil der Mann, den sie verlassen hatte, zwar nur
eine Tochter hatte, aber noch lebte, was Josephus auch betont
(Josephus Ant 18, 136).

7. Die Frau in der Öffentlichkeit

Wenn auch die Bewegungsfreiheit der Frau in der Öffentlichkeit
nicht an jedem Ort und zu jeder Zeit gleichermaßen eingeengt
war - in Palästina mußte sich sicher eine Frau nicht heimlich
zur Synagoge oder zum Tempel schleichen, wie Philon das in
Alexandria für schicklich hält (SL 3, 171) - so herrschte dennoch
eine streng eingehaltene Rollenverteilung "draußen - drinnen".
Das öffentliche Leben gehörte dem Mann, die Frau herrschte im
Haus (Philon SL 3, 169 ff.; j Hag 77 d, 39; Birkat ha - mazon
= Siddur Sefat Emet S. 283) Das selbständige Auftreten in der
Öffentlichkeit in jeder Form war verpönt. Dem Betteln von
Frauen beugte man durch soziale Maßnahmen vor (M Ket 13, 3;
T Ket 6, 8), die aber in der Diaspora nicht immer gegriffen
haben. Die bettelnde Jüdin bzw. das von seiner Mutter zum
Betteln abgerichtete Judenkind sind für Juvenal und Martial
Stereotype jüdischen Lebens in Rom (Juvenal, Saturae 6, 542 ff.
= Stern Nr. 299; Martial, Epigrammata 12, 57, 13 = Stern
Nr. 246)[91]. Selbständiges Wirken war nur denkbar in der
Form gesellschaftlich diskriminierter Tätigkeiten. Diskrimi-
nierte Frau par excellence war die Prostituierte, deren Lohn
nicht für Opfer verwendet werden durfte (Deut 23, 18;
Josephus Ant 4, 206; vgl. noch Targ Onkelos Gen 34, 31; b Ket
64 b; Jeb 122 a). In seiner Wiedergabe von Lev 21, 7 subsumiert
Josephus auch die Gastwirtin und die Schankwirtin unter die
Frauen, die ein Priester nicht ehelichen dürfe, sie somit neben
die Prostituierte rückend (Josephus Ant 3, 276). Prostituierte
und Inhaberin einer Herberge sind für ihn austauschbare Begriffe (vgl. Josephus Ant 5, 7 ff. mit Jos 2). Delila (Ri 16, 4)
qualifiziert er als Prostituierte ab (Josephus Ant 5, 306).
Musikerinnen und Tänzerinnen gehörten gleichfalls zu den Frauen,
die einem ehrlosen Gewerbe nachgehen (Sir 9, 4 H; Test XII
Juda 23, 2). Wie alle Schauspieler und Schauspielerinnen wird
auch die jüdische Schauspielerin Faustina in Rom (CII 283) der
Verachtung durch Recht und Sitte, vielleicht nicht im Umgang
mit einzelnen, preisgegeben gewesen sein[92]. Allein ehr-
bar war das Gewerbe einer Hebamme (sie erhielt Lohn; b B kam

59 a Bar), als deren Sohn man sich bekennen konnte (Josephus Vita 185). Wie anhand des Judithbuches festzustellen ist, galt es im 2. Jh. v. Chr. in Palästina für vorbildlich, wenn die Frau die Initiative ergriff, selbst mit der Waffe in der Hand, und tat, was eigentlich Männer hätten tun sollen, nämlich das Vaterland zu retten. Offenbar griff der Autor ganz bewußt die Tradition von den heldenhaften Frauen auf: Debora, Jael (Ri 4; 5), die Unbekannte, die mit einem Mühlstein bei der Belagerung ihrer Vaterstadt dem Angreifer Abimelech den Schädel zertrümmerte (Ri 9, 53). 32 v. Chr. wurde die Festung Hyrkania von Antigonos' Schwester gegen Herodes gehalten (Josephus Bell 1 364). Bei der Eroberung der galiläischen Ortschaft Iapha durch die Römer (67 n. Chr.) griffen die Frauen in die Straßenkämpfe ein (Josephus Bell 3, 303). Allmählich setzte sich jedoch immer mehr die Ansicht durch, die die Teilnahme der Frau am Kampf mißbilligte (Philon Mos 1, 8; S Deut § 226; Targ Onkelos Deut 22, 5). Im 4. Jh. n. Chr. aber machte die Kritik nicht einmal mehr vor Debora (und Hulda) halt. Rav Naḥman sagte: "Hochmut geziemt sich nicht für Frauen. Es gab zwei hochmütige Frauen, und ihre Namen sind hassenswert; die eine heißt Biene, die andere Wiesel (diese Bedeutung haben die Namen Debora und Hulda). Von der Biene steht geschrieben: "Sie sandte hin und ließ Barak rufen" (Ri 4, 6), anstatt zu ihm hinzugehen. Vom Wiesel steht geschrieben: "Sagt dem Mann" (2 Kön 22, 15), anstatt "dem König" (b Meg 14 b)". Beide ließen es also an dem nötigen Respekt vor dem Mann bzw. dem König fehlen. Den Herrschern aus dem Hasmonäerhaus waren keine Bedenken gekommen, ihre Frauen als Regentinnen einzusetzen. Als Hyrkanos I. (reg. 134 – 104 v. Chr.) seiner Frau diese Aufgabe zudachte, rebellierte freilich sein ältester Sohn Aristobulos I. und ließ seine Mutter im Kerker verhungern (Josephus Ant 13, 302). Dessen Witwe muß sich wenigstens als Regentin betrachtet haben, denn sie entließ die Brüder ihres Mannes aus dem Gefängnis und setzte den geeignetsten davon, Alexandros Jannaios, als König (reg. 103 – 76 v. Chr.) ein (Josephus Ant 13, 320). Dem nächsten Versuch war ein voller Erfolg beschieden. Obwohl auch er zwei Söhne hatte, hatte er den Thron testamentarisch seiner Frau Salina (Salome) Alexandra (reg. 76 – 67 v. Chr.)

vermacht (Josephus Ant 13, 407). Innenpolitisch suchte sie
während ihrer neunjährigen Regierung den Frieden mit der er-
starkten Gruppe der Pharisäer, auf die sie sich auch außen-
politisch stützte, und nutzte, auf weitere Eroberungskriege
verzichtend, ihre militärische Macht dazu, die eigenen Grenzen
zu sichern (Bell 1, 107 - 119; Ant 13, 405 - 433). Josephus
kommt nicht darum herum, ihre herrscherlichen Qualitäten anzu-
erkennen: "Sie war eine Frau, die nichts von der Schwäche ihres
Geschlechts an sich hatte. Denn sie war überaus machtgierig
und hat durch Taten sowohl die ihr angeborene Tatkraft als
auch die Unvernunft der Männer, die in der Ausübung der Macht
immer versagen, unter Beweis gestellt" (Ant 13, 430 f.;
Übersetzung nach Schalit, Herodes, S. 679). Aber ganz ohne
Tadel kommt selbst sie nicht davon. Josephus weist ihr die
Schuld am Untergang des Hasmonäerhauses unter anderem damit
zu, daß sie Dinge begehrt habe, die einer Frau nicht ziemten
(τῶν μὴ προσηκόντων γυναικί   Ant 13, 431). Hier deutet
sich, wenn auch noch sachte, die Verdrängung der Frau aus der
Öffentlichkeit an. Politisch nicht ganz ohne Ambitionen war
auch die Frau des Herodesbruders Pheroras, die die Geldbuße
zahlte, die den Pharisäern auferlegt wurde, weil sie den
Treueid gegenüber dem Kaiser und dem König verweigert hatten.
Der Dank der Pharisäer soll in der Weissagung bestanden haben,
die Herrschaft werde an sie, Pheroras und ihre Kinder übergehen. Bei Herodes, der sich bedroht fühlte, löste das Gerücht
eine Hinrichtungswelle aus (Josephus Ant 17, 41 - 44). Wenn
nun die Frau an der Politik teilhaben wollte, war sie auf
Intrigen verwiesen. Berenike gelang es dann noch einmal,
die Fesseln zu sprengen (s. 11.).

8. Die Frau im Kultus

Die Stellung der Frau im Tempelkult wird einigermaßen deutlich.
Frauen hatten Zutritt zum Tempelgelände bis zur Grenze des sogenannten Frauenvorhofs (Josephus Bell 5, 198 f.; Ant 15,
418 f.; M Midd 2, 5 u. ö.) zum Männervorhof. Das bedeutete
keine absolute Trennung der Geschlechter, denn die Männer
mußten, um in den Männervorhof zu gelangen, den Frauenvorhof
durchqueren, und keiner hinderte sie daran, dort zu bleiben.
Es bedeutete aber abgestuften Zutritt zum Heiligtum. Das Areal,
das den Männern zugänglich war, endete am Priestervorhof.
Daraus ergibt sich, daß, wenn Frauen überhaupt am Tempel
Dienst verrichteten, was man vielleicht aus Ex 38, 8; 1 Sam
2, 22, erschließen könnte, sie dies im Frauenvorhof oder im
weiteren Tempelareal taten. Die aktive Teilnahme an gottes-.
dienstlichen Handlungen, die sich im Priestervorhof oder im
Tempelgebäude selbst abspielten, war ihnen verwehrt und dienst-
fähigen Priestern und Leviten in bestimmter Reihenfolge vorbe-
halten. Wenn es heißt, daß eine Frau opferte, dann ist das
genau wie beim Mann zu verstehen, daß sie das Opfer bezahlte.
In diesem Sinn war es üblich, daß Frauen opferten, und zwar
nicht allein in den für Frauen vorgeschriebenen Fällen wie
am Ende des Wochenbetts, d. h. der auf eine Geburt folgenden
Unreinheitsperiode, die bei einem Sohn 40, bei einer Tochter
80 Tage lang dauerte (Lev 12, 4 ff.; Josephus Ant 3, 269),
sondern ganz allgemein, was schon das Verbot, Hurenlohn und
Hundegeld in das Haus Jhwhs zu bringen (s. 7.), ex negativo
besagt. Die zum Judentum konvertierte Königinmutter Helena
von Adiabene, der späteren römischen Provinz Assyria, pilgerte
nach Jerusalem, um im Tempel Dankopfer darzubringen. Gleichzeitig ließ sie auf ihre Kosten an das hungernde Volk Getreide
verteilen (Josephus Ant 20, 49 - 53). Spenden flossen dem
Tempel von Seiten von Frauen zu (vgl. Jud 16, 20). Unter
Tiberius betrog ein Gaunerquartett eine römische Proselytin
aus höchsten Kreisen namens Fulvia um die Spenden an Purpur
und Gold, die sie dem Tempel zugedacht hatte. Das Stückchen

führte zur Ausweisung der Juden aus Rom und zur Zwangsver-
pflichtung einiger Tausende zum Militärdienst (Josephus Ant
18, 81 - 84). Auch das Nasirgelübde (Num 6, 1 - 21) konnten
Frauen ablegen, um ihre Dankbarkeit zu bekunden. Der Nasir
bzw. die Nasiräerin enthielt sich 30 Tage lang aller Produkte
des Weinstocks sowie des Biers, ließ sich die Haare nicht
schneiden und durfte sich nicht einmal an seinen (ihren)
engsten Verwandten verunreinigen, wenn diese starben; andern-
falls war das Gelübde zu erneuern. Das Abschlußzeremoniell,
bei dem das Haar geschoren und verbrannt wurde, war ziemlich
kostspielig. Als Opfer waren ein männliches und ein weibliches
Lamm sowie ein Widder nebst dem dazugehörigen vegetabilischen
Opfer darzubringen. Wir hören von einigen Frauen, die das Gelübde abgelegt hatten: die schon genannte Königsmutter Helena
aus Adiabene (M Naz 3, 6), eine Mirjam aus Palmyra (M Naz
6, 11) und Berenike, die Schwester Agrippas (Josephus Bell 2,
313 f.). Die Rabbinen schätzten es allerdings gar nicht,
wenn eine Frau Nasir wurde (M Naz 4, 5; T Naz 3, 14).

Das Bild von der Stellung der Frau in der Synagoge ist nicht
ganz so deutlich. Nicht zu bestreiten ist lediglich, daß
sie die Synagoge besucht hat, und die Synagogen- bzw.
Gemeindeverwaltungen Stiftungen zum Bau oder Unterhalt
von Synagogen entgegengenommen haben, sie aber nicht zum
Minjan zählte, den zehn Männern über 13 Jahre, deren Anwesenheit einen öffentlichen Gottesdienst konstituierte[93].
Daß ihnen von den Männern getrennte Plätze, etwa eigene
Frauengalerien zugewiesen waren, wird zwar allgemein aus
dem archäologischen Befund herausgelesen[94], neuerdings
wieder energisch in Zweifel gezogen[95]. Bei den Therapeuten,
einer jüdischen, den Essenern ähnlichen Gruppierung, war Ge-
schlechtertrennung üblich (Philon Cont 32 f. 69). Ob sie
immer und an jedem Ort nicht zur Tora aufgerufen wurde,
ist nicht zu entscheiden. Einerseits heißt es nämlich,
sie werde nicht aufgerufen, andererseits, sie könne zur
Siebenzahl der zur Tora Aufgerufenen dazugerechnet werden
(T Meg 4, 11; b Meg 23 a Bar). Man kann, wie Elbogen, eine
Entwicklung annehmen, die der Frau dieses Ehrenamt entzog.

Man kann die Stelle aber auch, wie S. Lieberman, so inter-
pretieren, daß sie zur Siebenzahl gerechnet werden durfte,
wenn schon wenigstens ein Mann der Pflicht zur Toralesung
nachgekommen war[96]. Möglicherweise war der Grund
für die Zurückdrängung der Frau im öffentlichen religiösen
Leben die Notwendigkeit, sich von der paganen Kultur abzu-
setzen[97]. Die Frauen waren verpflichtet zum Achtzehn-
gebet (M Ber 3, 3; b Ber 20 a/b, Lesen der Estherrolle
(b Meg 4 a; Ar 3 a), zum Hallel (M Suk 3, 10) und zum Ent-
zünden der Chanukkalichter (b Schab 23 a).

Eine crux interpretum stellen die Titel dar, sonst für
von Männern ausgeübte Leitungsfunktionen in der Gemeinde
belegt, mit denen inschriftlich Frauen der wohlhabenden
Schicht in der Diaspora bezeichnet werden:

1. ἀρχισυνάγωγος "Synagogenoberhaupt" (Kreta CII 731 c;
   Smyrna CII 741; Myndos/Karien CII 756).
2. πρεσβυτέρα, πρεσβύτης "Älteste" (Rom CII 400; Venosa/
   Apulien CII 581. 590; Bizye/Thrakien CII 692; Kisamos/
   Kreta CII 731 c; Oea/Tripolitanien SEG 27, 1201).
3. μήτηρ συναγωγῆς , mater synagogae (synagogarum) "Mutter
   der Synagoge(n)" = weibliches Äquivalent zum pater (Rom
   CII 166. 496. 523; Brescia CII 639; CII 166.496 sind
   stark ergänzt). In das Umfeld gehören noch pateressa
   "Vaterin" (!) (Venosa/Apulien CII 606) und μήτηρ
   "Mutter" (Venosa/Apulien CII 619 d).
4. ἀρχήγισσα "Patriarchin" (Theben/Thessalien CII 696 b).

Während die ältere Literatur die Meinung vertrat, es handele
sich bei den Titelträgerinnen um Ehefrauen der eigentlichen
Amtsinhaber, oder die Titel stellten lediglich eine persönliche Ehrung dar, sieht B. J. Brooten in diesen Frauen
Trägerinnen der entsprechenden Funktionen. Die Belege
stammten alle aus der Diaspora, insonderheit aus Rom, wo
Paulus gerade unter den Frauen zahlreiche Mitarbeiter und
Helfer gefunden habe[98]. Gegen diese Interpretation sprechen
aber folgende Fakten: Erstens hat nach Paulus die Frau

in der Gemeindeversammlung zu schweigen (1 Kor 14, 34;
vgl. 1 Tim 2, 12). Zweitens werden derartige Titel auch
von Kindern gebraucht, die allein schon aufgrund ihres
Alters die dazugehörende Funktion nicht ausüben können[99].
Drittens sind römische Kinder als Dekurionen bezeugt[100].
In der Spätantike jedoch bildeten die Dekurionen, die Ange-
hörigen des Stadtrats, einen geschlossenen Stand. Wenn Kinder als Dekurionen bezeichnet werden, bedeutet das, daß
sie einer diesem Stand angehörenden Familie entstammen.
Demnach wird man sich ein weibliches "Synagogenoberhaupt"
als Angehörige einer Familie zu denken haben, in der sich
dieses Amt vererbt.

9. Die Persönlichkeitsrechte

Aus der strikten Rollenverteilung drinnen/draußen ergab sich
eine einschneidende Beschränkung der, modern gesprochen,
Persönlichkeitsrechte der Frau. Sie war nicht als Zeuge
zugelassen (Deut 17, 6; 19, 15; Josephus Ant 4, 219;
S Deut § 190 = S. 230 Finkelstein; b Schebu 30 a), ausge-
nommen in den Fällen, wo es um eine Frau betreffende Angelegenheiten ging. Eine Frau konnte bezeugen, daß eine andere
in Gefangenschaft nicht vergewaltigt worden ist (M Ket 7, 6),
oder vor Gericht, wenn eine Haliṣa (s. 3.12.4.) stattfinden
sollte, den Schwager identifizieren (b Jeb 39 b). Das traf
nur auf Verfahren zu, die vor jüdischen Gerichten abge-
wickelt wurden. Vor dem griechischen Gericht in Arsinoe
(256 v. Chr.) erhoben ein Jude und eine Jüdin Klage bzw.
Gegenklage und ihre wechselseitigen Einlassungen wurden
von Gericht zu Protokoll genommen (CPJ 19).

Alles bisher Gesagte gilt nur für freie Frauen, nicht für
Sklavinnen, deren Los hauptsächlich vom Charakter ihrer
nichtjüdischen und jüdischen Herren bestimmt wurde. Die
Existenz von Sklavinnen (und Sklaven) war selbstverständ-
lich. Antigonos hätte nichts dabei gefunden, 500 Frauen
aus der jüdischen Oberschicht zu versklaven, die er den
Parthern mit 1000 Talenten anbot, wenn sie ihn bei der
Erlangung des Throns unterstützten (Josephus Ant 14, 331.
343. 379). Die Sklavinnen im Haus des Herodes und bei
seinem Bruder Pheroras, unter denen es wahrscheinlich auch
Nichtjüdinnen gab, wurden gefoltert (Josephus Bell 1, 584;
Ant 17, 64), verschenkt (Josephus Bell 1, 511) oder geliebt
(Josephus Ant 16, 194 ff.). Jüdische Sklavinnen arbeiteten
im Haushalt (CPJ 7; Josephus Ant 17, 341) und in Handwerks-
betrieben (CII 563). Manche hatten Kinder (CII 709; CPJ
473). Sie waren dem Fiscus Judaicus unterworfen (CPJ 218).

10. **Tod und Begräbnis**

10.1. Das Sterbealter

Die folgende Tabelle enthält die verwertbaren Angaben zum
Lebens- bzw. Sterbealter. Im einzelnen ist ihr zu entnehmen:

1. Das Durchschnittssterbealter betrug 27,15 Jahre.
2. Im Säuglings- bzw. Kindesalter (0 - 11) starben 32 Mädchen = 24,6 %
3. Im gebärfähigen Alter (12 - 40) starben 70 Frauen =
   53,8 %.
4. 60 Jahre und älter wurden 14 Frauen = 10,8 %.
5. Das höchste Alter ist 96 Jahre.

Somit liegt das durchschnittliche Sterbealter noch deutlich unter dem der Römerin, die 34 Jahre alt wurde
(Pomeroy, S. 259), was auf überwiegende Zugehörigkeit
zur Unterschicht hinweist. Daß die meisten Frauen im gebärfähigen Alter starben, deckt sich mit den römischen
Daten[101].

Nr.	Alter	Heimat- bzw. Begräbnisort	Quelle
1	11 Monate	Rom	CII 108
2	1 Jahr	Rom	CII 10
3	1 Jahr	Rom	CII 330
4	1 Jahr, 4 Monate	Adra (Abdera), Spanien	CII 665
5	1 Jahr, 7 Monate	Venosa, Apulien	CII 607
6	1 Jahr, 9 Monate	Rom	CII 309
7	1 Jahr, 10 Monate	Rom	CII 169
8	1 Jahr, 11 Monate	Rom	CII 102
9	2 Jahre	Rom	CII 240
10	2 Jahre, 4 Monate	Rom	CII 303
11	2 Jahre, 9 Monate	Rom	CII 391
12	2 Jahre, 7 Monate	Rom	CII 394
13	2 Jahre	Venosa, Apulien	CII 579
14	2 Jahre	Tell el-Jehudieh, Unterägypten	CII 1527

Nr.	Alter	Heimat- bzw. Begräbnisort	Quelle
15	3 Jahre, 7 Monate	Rom	CII 21
16	3 Jahre	Rom	CII 155
17	3 Jahre	Tauromenion	CII 650a
18	3 Jahre	Sardinien	CII 660a
19	4 Jahre	Rom	CII 254
20	5 Jahre	Rom	CII 185
21	5 Jahre, 10 Monate	Rom	CII 267
22	5 Jahre	Rom	CII 361
23	5 Jahre	Venosa, Apulien	CII 598
24	5 Jahre	Oria, Kalabrien	CII 635
25	5 Jahre	Tell el-Jehudieh, Unterägypten	CII 1503
26	8 Jahre	Neapel	CII 559
27	9 Jahre	Rom	CII 391
28	9 Jahre	Venosa, Apulien	CII 610
29	9 Jahre	Narbonne, Gallien	CII 670
30	9 Jahre	Tell el-Jehudieh, Unterägypten	CII 1507
31	9 Jahre, 6 Monate	Bet-Schearim	BS 3, 15
32	9 Jahre, 9 Monate	Rom	CII 391
33	13 Jahre	Rom	CII 156
34	13 Jahre	Nablus	CII 1169
35	14 Jahre	Rom	CII 588
36	14 Jahre (virgo)	Venosa, Apulien	CII 608
37	14 Jahre, 5 Mon.	Venosa, Apulien	CII 611
38	14 Jahre	Nablus	CII 1169
39	15 Jahre	Rom	CII 45
40	15 Jahre	Tell el-Jehudieh, Unterägypten	CII 1504
41	16 Jahre	Rom	CII 159
42	17 Jahre	Rom	CII 268
43	17 Jahre	Rom	CII 527
44	17 Jahre	Salerno, Kampanien	CII 568
45	17 Jahre	Tauromenion	CII 650a
46	18 Jahre	Rom	CII 168
47	18 Jahre	Rom	CII 242
48	18 Jahre	Rom	CII 381

Nr.	Alter	Heimat- bzw. Begräbnisort	Quelle
49	18 Jahre	Rom	CII 389
50	18 Jahre	Soklos, Pannonien	CII 678
51	18 Jahre	Nablus	CII 1169
52	19 Jahre	Rom	CII 105
53	19 Jahre	Rom	CII 136
54	19 Jahre, 3 Mon.	Rom	CII 237
55	19 Jahre	Rom	CII 314
56	19 Jahre	Rom	CII 386
57	19 Jahre	Tell el-Jehudieh, Unterägypten	CII 1500
58	20 Jahre	Rom	CII 369
59	20 Jahre	Narbonne, Gallien	CII 670
60	20 Jahre	Tell el-Jehudieh, Unterägypten	CII 1508
61	20 Jahre	Tell el-Jehudieh, Unterägypten	CII 1530
62	22 Jahre	Rom	CII 257
63	22 Jahre	Catania, Sizilien	CII 650
64	22 Jahre	Rom	CII 733
65	22 Jahre	Tiberias, Galiläa	CII 984
66	22 Jahre	Tell el-Jehudieh, Unterägypten	CII 1526
67	22 Jahre	Bet-Schearim	BS 3, 15
68	22 Jahre	Rom	CII 733a
69	23 Jahre	Rom	CII 247
70	23 Jahre	Tell el-Jehudieh, Unterägypten	CII 1498
71	24 Jahre	Rom	CII 315
72	24 Jahre	Tortosa, Spanien	CII 661
73	25 Jahre	Rom	CII 460
74	25 Jahre/Kindbett	Tell el-Jehudieh, Unterägypten	CII 1515
75	25 Jahre	Tell el-Jehudieh, Unterägypten	CII 1520
76	25 Jahre/Kindbett	Tell el-Jehudieh, Unterägypten	CII 1530
77	26 Jahre	Rom	CII 30
78	26 Jahre	Rom	CII 311
79	26 Jahre	Rom	CII 506
80	26 Jahre	Tell el-Jehudieh, Unterägypten	CII 1478
81	27 Jahre	Rom	CII 28
82	27 Jahre, 10 Mon.	Pola	CII 641
83	27 Jahre	Tell el-Jehudieh, Unterägypten	CII 1506

Nr.	Alter	Heimat- bzw. Begräbnisort	Quelle
84	28 Jahre	Rom	CII 157
85	29 Jahre	Rom	CII 141
86	30 Jahre	Venosa, Apulien	CII 578
87	30 Jahre	Apollonias (Arsuf), pal. Küste	CII 891
88	30 Jahre	Tell el-Jehudieh, Unterägypten	CII 1472
89	30 Jahre	Tell el-Jehudieh, Unterägypten	CII 1509
90	30 Jahre	Tell el-Jehudieh, Unterägypten	CII 1513
91	32 Jahre	Tell el-Jehudieh, Unterägypten	CII 1475
92	33 Jahre	Rom	CII 44
93	33 Jahre	Venosa, Apulien	CII 580
94	34 Jahre	Rom	CII 241
95	35 Jahre	Rom, aus Cäsarea (?)	CII 25
96	35 Jahre	Rom	CII 482
97	35 Jahre/Kindbett	Tell el-Jehudieh, Unterägypten	CII 1481
98	35 Jahre	Tell el-Jehudieh, Unterägypten	CII 1530c
99	35 Jahre	Antinoopolis, Mittelägypten	CII 1535
100	38 Jahre	Venosa, Apulien	CII 590
101	40 Jahre	Rom	CII 123
102	40 Jahre	Tell el-Jehudieh, Unterägypten	CII 1521
103	41 Jahre	Rom	CII 72
104	41 Jahre	Rom	CII 510
105	42 Jahre	Rom	CII 69
106	44 Jahre	Rom	CII 392
107	44 Jahre	Venosa, Apulien	CII 614
108	45 Jahre	Tell el-Jehudieh, Unterägypten	CII 1488
109	47 Jahre	Rom	CII 462
110	48 Jahre	Rom	CII 468
111	49 Jahre	Tell el-Jehudieh, Unterägypten	CII 1480
112	50 Jahre	Nablus	CII 1169
113	50 Jahre	Tell el-Jehudieh, Unterägypten	CII 1514
114	55 Jahre	Rom	CII 150
115	55 Jahre	Rom	CII 228
116	56 Jahre	Oria, Kalabrien	CII 634
117	60 Jahre, 5 Mon.	Rom	CII 217
118	60 Jahre	Rom	CII 361

Nr.	Alter	Heimat- bzw. Begräbnisort	Quelle
119	60 Jahre	Venosa, Apulien	CII 616
120	70 Jahre	Venosa, Apulien	CII 608
121	70 Jahre	Palästina	SEG 26,1687
122	73 Jahre	Jerusalem	Ant 13, 430
123	75 Jahre	Tiberias, Galiläa	CII 984
124	80 Jahre	Rom	CII 372
125	80 Jahre	Venosa, Apulien	CII 595
126	81 Jahre	Rom	CII 230
127	82 Jahre, 10 Mon.	Rom	CII 260
128	85 Jahre	Rom, aus Laodicea	CII 296
129	86 Jahre, 6 Mon.	Rom	CII 523
130	96 Jahre, 10 Mon.	Rom	CII 151

10.2. Die Bestattung

Die Bestattung oblag den Verwandten, in erster Linie dem
Mann (T Ket 4, 2), und, sofern es eine Witwe war, den Erben
der Ketubba, d. h. den Söhnen, die sie mit dem Mann hatte
(M Ket 11, 1). Eine Reihe von Grabinschriften aus Italien
und Galatien bezeugt, daß der Ehemann diese Pflicht erfüllt
hat (CII 69. 70. 139. 212. 215. 216. 219. 237. 242. 247.
300. 314. 377. 468. 476. 636. 797). Weniger zahlreich
sind die durch römische Inschriften bezeugten Fälle, wo
Söhne (CII 72. 92. 124. 230. 264. 311) oder auch Töchter
(CII 141. 208. 217. 461) die Mutter bestattet haben. Einmal hören wir von einem Enkel, daß er diese Aufgabe übernommen hat (CII 307). War die Tote nicht bzw. noch nicht
verheiratet, oder waren die zunächst Verpflichteten nicht
dazu imstande, so wurde die Bestattung auch von den Eltern
(CII 240. 248. 267. 286), dem Vater (CII 106. 155. 159.
169), der Mutter (CII 108. 213. 241. 389. 414. 637. 678),
dem Bruder (CII 222), der Schwester (CII 43) oder sonstigen
Personen (CII 102. 234. 243. 260. 462. 641) übernommen.
Inschriften, die nicht dem römischen Brauch folgen, sind
keine Angaben zu entnehmen.
Tobits Wunsch, neben seiner Frau begraben zu werden (Tob
4, 4), den ihm sein Sohn erfüllt (Tob 14, 12), entspricht

in der Tat einem weitverbreiteten Ideal. Solche Gräber
finden sich in Italien (CII 95. 614), Makedonien (CII 693),
Thessalien (CII 695. 696), Mösien (CII 681), Athen
(CII 713), Phrygien (CII 770. 774. 776. 779), Cilicien
(CII 786), Bithynien (CII 798) und Palästina (CII 938.
945. 1247. 1273.1399; BS 2, 128. 129. 130. 149), wiewohl
gerade da Familiengräber gut bezeugt sind. Nach Meinung
der Rabbinen fordert die Pietät, daß die Beerdigung im
vollen Sinne des Wortes nicht "sang- und klanglos" von-
statten geht. Die Kosten für ein Klageweib und zwei Flöten-
spieler sollte auch der Ärmste nicht scheuen (M Ket 4, 4;
vgl. Mt 9, 23; Josephus Bell 3, 437). Als Zeichen besonderer Ehrung kam es vor, daß man auch auf dem Rückweg
vom Begräbnis einer Frau anhielt, um sich siebenmal zu
setzen und wieder zu erheben (b B bat 100 b).

10.3. Der Nachruf

Sofern die Grabinschriften die Tote würdigen, tun sie
es zumeist formelhaft kurz. In Italien ist sie bene merens
(CII 70. 213. 216. 219. 234. 235. 242. 257. 260. 461.
635. 637), dulcissima (CII 222. 230. 264. 267), karissima
(CII 248), incomparabilis (CII 243. 553) oder, zwei Ausdrücke kombinierend, karissima bene merens (CII 208. 217).
Neben dulcissima ist γλυκυτάτη zu stellen (CII 141. 155.
169), das auch in Lydien bezeugt ist (CII 752). In ἀξία
(CII 34. 96) darf man wohl das Äquivalent zu bene merens
und in ἀγαπητή(CII 43. 137) zu karissima sehen. Die Lebensführung heben hervor καλῶς βιώσασαbzw. συβιώσασα (CII 28.
70. 117. 411). Der Relativsatz καλῶς ἔζησεν bezieht sich
auf die eheliche Lebensführung (CII 374. 377). Speziell
das Verhalten der Frau in Ehe und Familie wollen auch
φίλανδρος (CII 166), auch in Palästina belegt (CII 891),
φιλότεκνος (CII 541) sowie die Adjektive betonen, die
das Ideal der einmaligen Ehe ausdrücken (s. o. 6.4.).
Frömmigkeit wird   ihr nachgerühmt durch ὁσία (CII 151.
298), auch in Bet-Schearim (CII 1045), das sich mit anderen
Adjektiven religiöser oder profaner Bedeutung verbinden
kann: ὁσία μόνανδρος πασιφίλη (CII 158), ὁσία δικαία φιλότεκνος
 φιλαδελφῶν (CII 363), δικαία ὁσία φιλεντολία

(in lat. Buchstaben im sonst lateinischen Text CII 482).
φιλέντολος begegnet auch in der Verbindung σπουδαία
φιλέντολος (CII 132). Durch den Zusatz ἐν τῷ Ἰουδαϊσμῷ
gewinnt καλῶς βιώσασα religiöse Dimension (CII 537), dem
lat. bona Judaea (CII 250) entspricht. Die lateinischen
Entsprechungen zu ὁσία κτλ. dürften sanctissima (CII 233),
pientissima et incomparabilis fide cognita (CII 641),
pientissima religionis Judaicae metuens (CII 642) und
metuens (CII 285) sein. נבונה מוכנת בכל מצרות אמנה (CII 634)
gehört zu σπουδαία φιλέντολος . Ein Wortfeld dürfte auch
vere benedicta (CII 459), זכרינה לברכה = benememoria =
πάμμηστος (CII 661 Tortosa) und der aram. Ausdruck דכירה
לטב   palästinischer Synagogeninschriften (CII 1198.
1199) bilden. Vereinzelte Inschriften verlassen die formu-
larische Kürze. Dann heißt es von der Mutter: dei virtutem
et fidem sationis conservatae iuste legem colens "die
Tugend Gottes und den Glauben des bewahrten Samens, genau
das Gesetz pflegend" (CII 72). Ein Mann redet seine Frau
an: καλῶς ἔζησας μετὰ τοῦ ἀνδρός σου. Εὐχαριστῶ τῇ προνοίᾳ
     καὶ τῇ ψυχῇ σου
"Gut hast du mit deinem Mann gelebt. Ich danke dir für
deine Fürsorge und dein Leben" (CII 123). Eine andere
Frau war für ihren Mann coniux bona et discipulina bona
coniux bene merens, "eine gute Ehefrau und eine gute Schü-
lerin, eine wohlverdiente Ehefrau" (CII 215). Eine einzige
Tochter satis grandem dolorem fecit et lacrimas civitati
"verursachte den Eltern ziemlich großen Schmerz und der
Gemeinde Tränen" (CII 611). Die ausführlichsten Grabinschriften sind metrisch durchgebildet. Dreizehn Hexameter
besingen eine Ehefrau, ihre Auferstehung erhoffend, wegen
ihrer pietas "Frömmigkeit", ihrer vita pudica "züchtiges
Leben", ihres amor generis "Liebe zum Volk" und ihrer
observantia legis "Beobachtung des Gesetzes" (CII 476).
Zehn Distichen, an die sich drei Prosazeilen mit chrono-
logischen Angaben anschließen, beklagen den allzu frühen
Tod einer jungen Frau, die mit ihrem Mann nur hundert
Tage leben durfte (CII 527).
Der Grundstock der Formulare in Ägypten, zugleich die
kürzesten Würdigungen sind χρηστή (CII 1480. 1491. 1503)
mit seinem hebr. Äquivalent ישרה "rechtschaffen"

(CII 1536), ἄωρος "zur Unzeit gestorben" (CII 1478. 1479),
πασίφιλος "von allen geliebt (CII 1475. 1518), φιλάδελφος
"bruderliebend" (CII 1516), φιλητή "geliebt" (CII 1530 b).
Die Ausdrücke können zu mehrgliedrigen Ketten aneinanderge-
reiht werden:
Mit zwei Gliedern: χρηστή πασιφίλα (CII 1530 c)oder πασίφιλος
χρηστή (CII 1464. 1518); ἄωρος λόχω χρηστή (CII 1481).
Mit drei Gliedern: χρηστή πασίφιλος ἄλυπος (CII 1498);
χρηστή πασίφιλος ἄωρος (CII 1504)oder χρηστή ἄωρος πασιφίλη
(CII 1526); νέα ἀκμαία ἄωρος (CII 1507).
Mit vier Gliedern: χρηστή πασίφιλος καὶ ἄλυπος καὶ φιλογείτων
(CII 1514); φιλάδελφος φιλότεκνος πασίφιλος χρηστή (CII 1488);
ἄωρος ἄτεκνος χρηστή πασίφιλος (CII 1500).
Metrisch gehaltene Grabinschriften (Distichen) sind
mehrfach in Tell el-Jehudieh bezeugt (CII 1508. 1505.
1510. 1513. 1530).
Von wenigen Ausnahmen abgesehen werden Epitheta ornantia
und längere metrische Epitaphien Frauen nur in Italien
und Ägypten zuteil. Die ägyptischen Inschriften rühmen
nie die Frömmigkeit. Die Todesursache wird nur ganz selten
angegeben (Kindbett CII 1481. 1515. 1530 b; Krankheit
CII 527). Die Epitaphien sind nicht geschlechtsspezifisch,
im Tod sind Frauen und Männer gleich (bene merens CII
71. 206. 207. 209. 220. 221. 236. 239. 245. 256. 270.
474. 531. 532; dulcissimus CII 68; carissimus CII 231;
incomparabilis CII 457; benememorius CII 630. 644. 670;
fecit dolorem grandem parentibus CII 615; γλυκύτατος
CII 1. 84. 85. 358; καλῶς βιώσας CII 9. 12. 118. 119;
ἀγαπητός CII 125. 176; καλῶς ἀντιζώσας βίον CII 144;
φιλάδελφος CII 125; φιλότεκνος CII 772; metuens CII 5;
δίκαιος CII 201; ὅσιος CII 93. 103. 154. 1045 [Bet-Schearim];
ὅσιος δίκαιος φιλότεκνος φιλαδελφῶν φιλοσυνάγωγος
CII 321; זכרונו לברכה CII 892; דכיר לטב CII 856. 857;
χρηστός CII 761. 1492. 1527; ἄλυπος CII 1529; ἄλυπος χρηστός
CII 1454; χρηστὸς πασίφιλος CII 1466. 1471. 1483; ἄωρος
χρηστός CII 1469. 1486; ἄωρος πασίφιλος CII 1528;
πασίφιλος χρηστός ἄωρος CII 1452. 1453. 1456kl. 1460. 1473.
1493. 1494. 1501; ἄωρος καὶ ἄλυπος χρηστός CII 1468. 1470;
ἄωρος ἄτεκνος χρηστός CII 1476. 1485; ἄωρος χρηστός ἄλυπος
πασίφιλος CII 1519; Distichen CII 1490. 1511).

11. Berenike als Beispiel einer Frau zwischen Tradition und Eigenständigkeit

Berenike, Tochter Agrippas I. und der Kypros, also väterlicherseits wie von ihrer Mutter her eine Enkelin Herodes'
des Großen (Josephus Bell 2, 220; Ant 18, 131 f.), wurde
28 n. Chr. geboren (Josephus Ant 19, 277. 354). Bevor es
zur großen Liebe mit Titus kam, hatte sie schon drei Ehen
hinter sich. Mit 15 Jahren mit Philons Neffen M. Iulius
Alexander verheiratet (Josephus Ant 19, 276; A. Fuchs,
Zion 13/14 [1948/9] , S. 15 - 17), der bald darauf starb,
wurde sie sechzehnjährig mit ihrem Onkel Herodes, dem
König von Chalkis, verheiratet, der 48 n. Chr. starb.
Mit 20 Jahren war sie zum zweiten Mal Witwe (Josephus Bell
2, 217; Ant 19, 354). Von Herodes hatte sie zwei Söhne
(Josephus Bell 2, 221). Zur dritten Ehe mit Polemon, dem
König von Kilikien, ergriff sie selbst die Initiative,
wie sie es auch war, die sich wenig später von ihm
trennte. Aus heutiger Sicht geurteilt, waren die Voraussetzungen dieser Heirat nicht die besten. Ihn lockte ihr
Vermögen, daß er sogar die Beschneidung akzeptierte; sie
wollte damit die Gerüchte zum Schweigen bringen, die sie
wegen ihres Zusammenlebens mit ihrem unverheirateten Bruder
des Inzests bezichtigten (Josephus Ant 20, 145 f.; Juvenal,
Saturae 6, 153 - 160). Es war in der Tat ungewöhnlich,
daß sie an der Seite ihres Bruders nicht nur als Königin
auftrat (Josephus Bell 2, 598; Vita 181; vgl. Apg 25, 13.
23. 26), sondern einen bedeutenden Einfluß auf Agrippa II.
ausübte (Josephus Vita 343. 355), der ab 49 n. Chr. über
Chalkis, zwischen Libanon und Antilibanon gelegen, regierte,
ab 53 als Tetrarch über ein aus verschiedenen Teilen zu-
sammengesetztes Gebiet mit der Hauptstadt Caesarea
Philippi herrschte und gleichzeitig die Aufsicht über
den Tempel führte, die mit dem Recht verbunden war, die
Hohenpriester zu ernennen. Über das Verhältnis Berenikes
zu Titus sind wir ausschließlich auf römische Quellen ange-

wiesen, da Josephus völliges Schweigen wahrt. Er mag sie
kennengelernt haben, als er 67 n. Chr. ihren Bruder in
Caesarea Philippi besuchte (Josephus Bell 3, 443 - 446).
Titus liebte sie leidenschaftlich und wollte sie sogar
heiraten (Tacitus, Historiae II 2; Sueton, Titus 7). Als
sie im Jahre 75 mit Agrippa nach Rom kam, lebte sie mit
Titus zusammen. Obwohl sie dank ihren finanziellen Mög-
lichkeiten die Flavier tatkräftig unterstützt hatte
(Tacitus, Historiae II 81), sah sie sich in ihren Hoffnungen getäuscht. Titus mußte sie der Staatsräson opfern,
da eine Ehe mit einer Fremden, zumal einer Jüdin, die Grün-
dung einer flavischen Dynastie erschwert, wenn nicht gar
verhindert hätte (Cassius Dio, Historia Romana 66, 15, 1.
3 f.). Die Trennung war radikal. Als sie später noch einmal
nach Rom zurückkehrte, nahm er sie nicht mehr wahr (Cassius
Dio, Historia Romana 66, 18, 1).

Wenigstens bis zu ihrer glücklosen Romanze mit dem Feldherrn
und Kronprinzen war Berenike praktizierende Jüdin und fühlte
sich für ihr Volk verantwortlich. Sie legte Wert auf die
Beschneidung ihres Mannes und erfüllte fromme Gelübde
(Nasir, s. 8.). Im Jahr 66 n. Chr., während des Vorspiels
zum jüdischen Krieg, als Florus den Tempelschatz aus-
plündern wollte - so jedenfalls werden seine Forderungen
ausgelegt -, erschien sie barfuß vor dem Prokurator, um
sich für das Volk einzusetzen. Trotz der Erniedrigung fand
sie kein Gehör (Josephus Bell 2, 309 - 314). Über die Vor-
gänge schrieb sie einen Bericht an Cestius, den syrischen
Statthalter, der dem Florus übergeordnet war (Josephus
Bell 2, 33). Sie war dabei, als Agrippa mäßigend auf die
erregte Menge einzuwirken versuchte (Josephus Bell 2, 344.
402), und verdeutlichte, daß man sich gegen den Gang der
Weltgeschichte stemmen wolle (Josephus Bell 2, 345 - 401).

Darüber, wie und wann dieses Leben endete, das zwischen
Tradition und Eigenständigkeit hin- und hergerissen war,
ist nichts bekannt.

12. Prosopographie

12.1. Hebräische Namen

Nr.	Name	Fundort bzw. Herkunft	Beleg
1	Ελισαβη/אלישבע	Jerusalem	CII 1338
2	Ελισαβετ	Jerusalem	Lk 1,5.7 u.ö.
3	אסתר	Palästina	Beyer yyZO 1
4	Ασθηρ (= Esther)	Venosa	CII 579
5	Ασθηρ (= Esther)	Rom	CII 732
6	Ασθηρ (= Esther)	Rom	CII 733
7	Εσθηρα (= Esther)	Germa/Galatien	CII 796
8	Εισθηρ (= Esther)	Bet-Schearim	CII 1050
9	שיטורה (= Esther) ?	Mittelägypten	CII 1536
10	Ασθηρ (= Esther)	Bet-Schearim, aus Tyros	BS 2, 147
11	Βαλσαμια (בעל שמים=)	Rom	CII 309
12	Baraset (בראשית=)	Rom	CII 528
13	Βεσουλα (בתולה=)	Rom	CII 460
14	Δεββωρα	Apollonia/Phrygien	CII 772
15	Δεβωρα	Beirut/Phönizien	CII 873
16	דינג , דונג	Babylonien	b Kid 70 a
17	חובה	Babylonien	b Naz 57 b
18	חומה , חורמא	Babylonien	b Ket 65 a
19	Anna (חנה=)	Venosa	CII 614
20	Anna /חנה	Oria	CII 634
21	Αννα (חנה =)	Thessalien	CII 696 a
22	Αννα "	Joppe	CII 907
23	Αννα "	Bet-Schearim	CII 1013
24	Αννα "	Bet-Schearim	CII 1014
25	Αννα "	Bet-Schearim	CII 1088
26	Αννα "	Jerusalem	Lk 2, 36
27	חנה	Babylonien	b Taan 24 b
28	טרי	Palästina	b Jeb 65 b
29	יהודית	Palästina	b Jeb 65 b
30	יוחנה (יוחנן .v)	Jerusalem	CII 1281
31	Ιωανα	Palästina	CPJ 7
32	Ιωαννα	Ägypten	CPJ 133

Nr.	Name	Fundort bzw. Herkunft	Beleg
33	Ιοαννη	Ptolemais Hermeiu/Ägyp.	CPJ 424
34	יהוחנה	Palästina	DJD 2, 10
35	Ιωαννα	Palästina	Lk 8,3; 24,10
36	ירחני	Babylonien	b Sot 22 a
37	ירוני	Palästina	b Zeb 62 b
38	Ισακους (v. יצחק)	Theadelpheia/Ägypten	CPJ 455
39	כרכמית	Jerusalem	M Edu 5, 6
40	לאה	Tarent	CII 623
41	Ληα	Caesarea maritima	CII 888
42	Μικελα / מיכאלא	Bet-Schearim	CII 1155
43	Μελχα	Nablus	CII 1169
44	מנחמה	Palästina	Beyer yy SU 1
45	מנחמה	Palästina	Beyer yy SU 1
46	מרים / Maria	Tortosa/Spanien	CII 661
47	מרים	Bet-Schearim	CII 1019
48	מרים	Rama	CII 1192
49	מרים	Jerusalem	CII 1281
50	Μαριαμη/מרים	Jerusalem	CII 1341
51	מרים	Jerusalem	CII 1352
52	מרים	Palästina	b Schab 104 b
53	מרים	Palästina	T Suk 4, 28
54	מרים	Babylonien	b Hag 4 b
55	מרים	Palästina	b Ket 87 a
56	מרים	aus Palmyra	M Naz 6, 11
57	Μαριαμ	Bet-Schearim	BS 2, 219
58	מרים	Bet-Schearim	BS 3, 21
59	מרים	Palästina	DJD 2, 10
60	מרים	Palästina	IEJ 12, 248
61	מרים	Palästina	IEJ 12, 248
62	מרים	Palästina	DJD 2, 19
63	מרים	Ägypten	Beyer yy ZZ 5
64	מרימא	Palästina	DJD 2, 10
65	Μαριαμη	Palästina	DJD 2, 112
66	Μαριαμη	Jerusalem	CII 1387
67	Μαριαμμη	Jerusalem	Bell 1, 552

Nr.	Name	Fundort bzw. Herkunft	Beleg
68	Μαριαμμη	Jerusalem	Bell 2, 115
69	Μαριαμμη	Jerusalem	Bell 2, 220
70	Μαριαμμη	Jerusalem	Ant 15, 23
71	Μαριαμμη	Jerusalem	Bell 2, 221
72	Μαριαμμη	Jerusalem	Ant 18, 136
73	Μαριαμενη	Bet-Schearim	CII 1020
74	Μαριαμενη	Bet-Schearim	CII 1021
75	Μαρια	Rom	CII 1
76	Μαρια	Rom	CII 12
77	Μαρια	Rom	CII 137
78	Maria	Rom	CII 252
79	Μαρια	Rom	CII 374
80	Μαρια	Rom	CII 375
81	Μαρια	Rom	CII 511
82	Maria	Pompeji	CII 564
83	Maria	Venosa	CII 614
84	Maria	Venosa	CII 616
85	Maria	Venosa	CII 616
86	Μαρεα	Stobi/Makedonien	CII 694 b
87	Μαρια	Joppe	CII 937
88	Μαρια	Joppe	CII 938
89	Μαρεια	Bet-Schearim	CII 1007
90	Μαρηα	Bet-Schearim	CII 1085
91	Μαρια	Jerusalem	CII 1214
92	Μαρια	Jerusalem, aus Capua	CII 1284
93	Μαρια	Jerusalem	CII 1238
94	Μαρια	Mittelägypten	CII 1535
95	Μαρια	Ägypten	CPJ 223
96	Μαρια	Transjordanien	Bell 6,201ff.
97	Μαρια	Palästina	Mt 27, 56
98	Μαρια	Palästina	MK 15, 40
99	Μαρια	Palästina	Lk 2, 19
100	Μαρια	Palästina	Lk 10, 39.42
101	Μαρια	Palästina	Joh 11, 1 f.
102	Μαρια	Palästina	Joh 19, 25

Nr.	Name	Fundort bzw. Herkunft	Beleg
103	Μαρια	Jerusalem	Apg 12, 12
104	Μαρια	Rom	Röm 16, 6
105	Μαρια	Ägypten	CPJ 227
106	Μαριον	Ägypten	CII 1498
107	Μαριν	Ägypten	CII 1514
108	מרין	Palästina	Beyer oo KA 2
109	Μαρειν	Ägypten	CII 1530 c
110	Μαριον	Ägypten	CPJ 28
111	Μαριον	Ägypten	CPJ 40
112	Μαριον	Ägypten	CPJ 147
113	Μαριον	Ägypten	CPJ 149
114	Μαρους	Ägypten	CPJ 171
115	Μαρους	Ägypten	CPJ 430
116	Νεθανιν (נתן .v)	Ägypten	CII 1518
117	Νομη (נעמי =)	Otranto	CII 632
118	פזי	Palästina	b Jeb 65 b
119	קמחית	Palästina	j Meg 72a, 58 ff., s. aber Ant 18,34
120	Ρηβεκα	Rom	CII 261
121	Ρεβεκκα	Rom	CII 392
122	Ρεβεκα	Bizye/Thrakien	CII 692
123	Ρεβεκκα	Joppe	CII 948. 949
124	רבקה	Noarah/Jericho	CII 1198
125	Ρεουθ	Bet-Schearim	CII 1061
126	Ρουθ / רות	Bet-Schearim	CII 1065
127	Ραχηλις	Ägypten	CII 1513
128	רחל	Babylonien	b Jeb 45 b
129	שלום	Jerusalem	CII 1210
130	שלום	Jerusalem	CII 1245
131	שלום	Jerusalem	CII 1294
132	שלום	Jerusalem	CII 1295
133	שלום	Jerusalem	CII 1313
134	שלום	Jerusalem	CII 1314
135	שלום	Jerusalem	CII 1346

Nr.	Name	Fundort bzw. Herkunft	Beleg
136	שלום	Jerusalem	CII 1362
137	שלום	Palästina	DJD 2, 30
138	שלום	Palästina	b Schab 116 a
139	שלום	Jerusalem	Beyer y JE 23
140	שלום	Jerusalem	Beyer y JE 27
141	שלום	Jerusalem	Beyer y JE 27
142	שלום	Jerusalem	Beyer y JE 29
143	Σαλω (v. Σαλωμη)	Rom	CII 510
144	Σαλουη	Beirut	CII 874
145	Σαλωμη	Tiberias	CII 984
146	Σαλωμη	Gofna	CII 1172
147	Σαλαμι	Jerusalem	CII 1237
148	Σαλωμη / שלים	Jerusalem	CII 1298
149	Σαλωμη	Jerusalem	CII 1343
150	Σαλωμη	Jerusalem	CII 1374
151	Σαλωμη	Palästina	DJD 2, 112
152	Σαλωμη	Palästina	DJD 2, 115
153	Σαλωμη	Palästina	DJD 2, 116
154	Σαλωμη	Jerusalem	Ant 14, 121
155	Σαλωμη	Jerusalem	Ant 17, 21
156	Σαλωμη	Jerusalem	Ant 18, 136
157	Σαλωμη	Palästina	Mk 15, 40
158	Σαλαμις	Ägypten	CII 1459
159	Σαρα	Rom	CII 12
160	Σαρα	Rom	SEG 26, 1198
161	שרה	Rom	CII 74
162	Sarra	Rom	CII 499
163	Σαρρα	Italien	CII 543
164	Σαρρα	Italien	CII 593
165	Sarra	Italien	CII 608
166	Σαρα	Joppe	CII 942
167	Σαρα	Bet-Schearim	CII 997
168	Σαρα	Bet-Schearim	CII 1007
169	Σαρα	Bet-Schearim	CII 1045
170	Σαρα	Bet-Schearim	CII 1047

Nr.	Name	Fundort bzw. Herkunft	Beleg
171	Σαρα	Bet-Schearim	CII 1085
172	Σαρα	Bet-Schearim	CII 1107.1108
173	Σαρα	Palästina	CII 1169
174	Σαρα	Palästina	CII 1169
175	סרה	Jerusalem	CII 1222
176	Σαρα	Bet-Schearim	BS 2, 158
177	Σαρα	Bet-Schearim	BS 2, 161
178	Σαρα	Ägypten	CPJ 26
179	Σαρρα	Ägypten	CPJ 41
180	Σαρρα	Ägypten	CPJ 171
181	Σαρρα	Ägypten	CPJ 378
182	Σαρρα	Ägypten	CPJ 427
183	Θινω (= תאנה)	Bet-Schearim	BS 2, 130

12.2. Aramäische Namen

Nr.	Name	Fundort bzw. Herkunft	Beleg
184	אמרתא	Babylonien	b Sanh 52 b
185	Ασουα⟨δα⟩	Ägypten	CII 1507
186	בבתא	Palästina	IEJ 12, 248
187	זורותא (זודותא ?)	Palästina (?)	b Ḳid 81 b
188	הרקן	Ägypten	Beyer yy ZZ 5
189	טביתא	Palästina	j Nid 49d, 36
190	יאיתא	Palästina	Beyer oo KA 2
191	יהודיני	Palästina	j Naz 56 a 10
192	ילתא	Babylonien	b Ber 51 b
193	לעותן לעותא	Palästina	DJD 2, 21
194	מעורת	Babylonien	b Giṭ 70 a
195	Μαρα	Rom	CII 272
196	Μαρθα	Athen, aus Antiochia	CII 715 e
197	Μαρθα	Athen, aus Milet	CII 715 g
198	Μαρτα	Rom	CII 733 b
199	Μαρθα	Rom, aus Lakedaimon	CII 733 f
200	Martha	Pompeji	CII 566
201	מרתא	Jerusalem	CII 1219
202	Μαρθα	Jerusalem	CII 1246

Nr:	Name	Fundort bzw. Herkunft	Beleg
203	מרתה	Jerusalem	CII 1261
204	מרתה	Jerusalem	CII 1263
205	מרתא	Jerusalem	CII 1311
206	Μαρθα	Ägypten	CPJ 147
207	Μαρθα	Ägypten	CPJ 148
208	Μαρθα	Palästina	Lk 10, 38
209	Μαρθα	Palästina	Joh 11, 1
210	מרתא	Jerusalem	M Jeb 6, 4
211	Μαθθαια	Athen, aus Sidon	CII 715 f
212	נהורי	Palästina	j Ber 6 a, 75
213	נפאתה	Babylonien	b Git 63 b
214	עמרת	Arabien	CII 1427
215	צדה / צדן	Jerusalem	CII 1388
216	צפנת	Palästina	b Git 58 a
217	קטינה	Palästina	CII 1204
218	Σαββατια	Rom	CII 153
219	Σαβατις	Rom	CII 155
220	Σαββατις	Rom	CII 156
221	Σαββατις	Rom	CII 157
222	Σαβατης	Rom	CII 391
223	Σαβατις	Rom	CII 394
224	Σαβατις	Rom	CII 395
225	Σαββασα	Rom	CII 396
226	Σανβαθις	Elyros	CII 731 b
227	שבתיה	Jerusalem	CII 1399
228	Σαμβαθιν	Ägypten	CII 1500
229	Σαββατιον	Ägypten	CII 1526
230	Σαμβαθιον	Ägypten	CPJ 28
231	Σαβαθις	Ägypten	CPJ 34
232	Σαββαθιον	Ägypten	CPJ 47
233	Σαββαθιον	Ägypten	CPJ 47
234	Σαμβαθιον	Ägypten	CPJ 421
235	Σαμβους	Ägypten	CPJ 421
236	Σηλαπτιων (= שלמציון)	Joppe	CII 935
237	שלמציון	Jerusalem	CII 1223

Nr.	Name	Fundort bzw. Herkunft	Beleg
238	שלמצי (= Hypok.)	Jerusalem	CII 1253
239	שלמצירן	Jerusalem	CII 1265
240	שלרן (= Hypok.)	Jerusalem	CII 1296
241	שלמצירן	Jerusalem	CII 1297
242	שלמצירן	Jerusalem	CII 1315
243	שלמצירן	Jerusalem	CII 1316
244	שלמצירן	Jerusalem	CII 1317
245	שלמצירן	Jerusalem	CII 1353
246	שלמצירן	Jerusalem	CII 1636
247	שלמצירן	Palästina	IEJ 12, 248
248	Σαλαμψιω	Jerusalem	Ant 18, 130
249	Σελαμσιω / שלמשירן	Jericho	Beyer yJR 4
250	Συλαμ (v. שולמית)	Ägypten	CPJ 430
251	Σαπιρα	Jerusalem	CII 1272
252	שפירא	Jerusalem	CII 1282
253	Σαφειρα / שפירא	Jerusalem	CII 1378
254	שפירא	Jerusalem	CII 1384
255	שפירא	Jerusalem	CII 1393
256	שפירה	Jerusalem	Beyer yJE 35
257	Σαπφειρα	Jerusalem	Apg 5, 1
258	שפירה	Palästina	DJD 2, 29
259	שלמת	Bet-Schearim	CII 1144.1145
260	Σαλαμαθ	Jerusalem	CII 1236
261	Σοσανα	Italien	CII 627
262	Σωσανα	Italien	CII 637
263	Σουσαννα	Palästina	Lk 8, 3

12.3. Palmyrenische Namen

Nr.	Name	Fundort bzw. Herkunft	Beleg
264	אמבו	Bet-Schearim	CII 1133
265	Αμβωμαρη	Palästina	CII 908
266	בת מלכו	Bet-Schearim	CII 1074.1077. 1083
267	חליפו	Palästina	CII 1199
268	חלפו	Palästina	Beyer yy ZO 3

110

Nr.	Name	Fundort bzw. Herkunft	Beleg
269	חמא	Bet-Schearim	CII 1024
270	Θυμα	Bet-Schearim	CII 1025
271	Θυμα	Bet-Schearim	CII 1023

12.4. Griechische Namen

Nr.	Name	Fundort bzw. Herkunft	Beleg
272	Αγαθοκλια	Kilikien	CII 782
273	Αθανασια	Lydien	CII 754
274	Ακμη	Rom	Ant 17, 41
275	Αλεξανδρα	Arcus Libani	CII 501
276	Alexandra	Italien	CII 606
277	Αλεξανδρα	Syrien	CII 806
278	Αλεξανδρα	Jerusalem	Ant 14, 126
279	Αλεξανδρα	Jerusalem	Ant 15, 23
280	Αλεξανδρα	Jerusalem	Ant 18, 131
281	Αλεξανδρια	Rom	CII 8
282	Αλεξανδρια	Phrygien	CII 760
283	Αμβροσια	Syrien	CII 807
284	Αναστασια	Rom	CII 298
285	Αναστασια	Rom	CII 732
286	אנסטסיה	Jerusalem	CII 1398
287	אנטוליה	Syrien	CII 858
288	Ανδρομαχη	Lakonien (Taenarum)	CII 721 a
289	Ανδρω	Jerusalem	CII 1272
290	Ανθουσα	Ägypten	CPJ 424
291	Αντιγονα	Delphi	CII 709
292	Α⟨ν⟩τιγονα	Jerusalem	CII 1382
293	Απολλωνια	Ägypten	CPJ 28
294	Απολλωνια	Ägypten	CPJ 144
295	Αρεσκουσα	Thessalien	CII 708 d
296	Αριστοβουλη	Jerusalem	CII 1225
297	Αρσινοη	Ägypten	CII 1510
298	Αρσινοη	Ägypten	CII 1530
299	Αρτεμιδωρα	Rom	CII 733 c
300	Ασκληπιοδοτη	Rom	CII 91

Nr.	Name	Fundort bzw. Herkunft	Beleg
301	Ασκληπιοδοτη	Rom	CII 92
302	Aster = Esther	Rom	CII 213
303	Αστηρ	Rom	CII 306
304	Αστηρ	Beirut	CII 874
305	Αστηρ	Bet-Schearim	BS 2, 176
306	Αστερια	Rom	CII 94
307	Αστερια	Thessalien	CII 695
308	Afrodisia	Rom	CII 232
309	Αχολια	Palästina	CII 910
310	Βερνικη / ברניקי	Jerusalem	CII 1366
311	Βερενικη	Kyrene	Bell 7, 445
312	Βερενικη	Jerusalem	Ant 16, 11
313	Βερενικη	Jerusalem	Ant 18, 132
314	Βερενικη	Jerusalem	Ant 20, 140
315	Βερουταριον	Jerusalem	CII 1273
316	Βερουταριον	Jerusalem	CII 1274
317	Βερωνικη	Italien	CII 580
318	Beronice	Sardinien	CII 658
319	Βερωνικενις	Italien	CII 581
320	Γλυκα	Italien	CII 632
321	Γοργονια	Rom	CII 14
322	Γληγορια	Palästina	CII 927
323	Δαφνη	Rom	CII 15
324	Dafne	Rom	CII 223
325	Δηκουσανη	Pannonien	CII 675
326	Δημω	Thessalien	CII 700
327	Δημω	Ägypten	CPJ 12
328	Διογενις	Syrien	CII 810
329	Διοδωρα	Bet-Schearim	BS 2, 182
330	Διονυσια	Bet-Schearim	CII 1063
331	Διονυσια	Ägypten	CPJ 143
332	Διονυσιας	Rom	CII 104
333	Dionysias	Rom	CII 256
334	Δορκας	Jerusalem	Bell 4, 145
335	Δωρεις	Italien	CII 536

Nr.	Name	Fundort bzw. Herkunft	Beleg
336	Δωρις	Jerusalem	Ant 14, 300
337	Δωροθεα	Delphi	CII 709
338	Δωσαριν	Ägypten	CII 1515
339	Δωσαριον	Ägypten	CPJ 421
340	Δωσιθεα	Ägypten	CPJ 47
341	Ειρας (= Hypok.)	Ägypten	CII 1463
342	Ειρηνη	Rom	CII 21
343	Irene	Rom	CII 240
344	Ειρηνα	Rom	CII 319
345	Ειρηνη	Rom	CII 320
346	Ειρηνη	Rom	CII 333
347	Hereni (= Ειρηνη)	Italien	CII 559
348	Ειρηνα	Sizilien	CII 651
349	Ειρηνη	Ägypten	CII 1491
350	Ειρηνη	Ägypten	CII 1531
351	Ειρηνη	Ägypten	CPJ 126
352	Ειρηνη	Ägypten	CPJ 501
353	Ελενη	Bulgarien	CII 681 a
354	Ελλαδοτη	Ägypten	CPJ 128
355	Ελπιδια	Bet-Schearim	BS 2, 135
356	Ελπις	Ägypten	CII 1508
357	Ελπις	Jerusalem	Bell 1, 563
358	Επιφανια	Rom	CII 130
359	Ερμιονη	Rom	CII 108
360	Ερωτιον	Ägypten	CPJ 421
361	Ερωτιον	Ägypten	CPJ 427
362	Ευγενια	Rom	CII 326
363	Eulogia	Rom	CII 230
364	Ευλογια	Rom	CII 327
365	Ευλογια	Rom	CII 328
366	Eulogia	Rom	CII 518
367	Ευλογια	Bet-Schearim	CII 1139
368	Ευμαθια	Bet-Schearim	CII 1140
369	Ευμαθια	Bet-Schearim	CII 1160
370	Ευοδια	Rom	CII 391

Nr.	Name	Fundort bzw. Herkunft	Beleg
371	Ευοδια	Rom	CII 391
372	Ευπιθις	Syrien	CII 809
373	Ευσεβια	Rom	CII 330
374	Ευσεβις	Rom	CII 25
375	Ευσταθεια	Syrien	CII 804
376	Ευτερπη	Ägypten	CPJ 421
377	Ευτυχεις	Rom	CII 334
378	Ευτυχια	Athen	CII 712
379	Ευφροσυνα	Rhodos	CII 731 e
380	Ζηνοβια	Bet-Schearim	CII 1035
381	Ζηνοβια	Bet-Schearim	BS 2, 183
382	Ζοιλα	Palästina	CII 891
383	Ζοειλα	Bet-Schearim	CII 1157
384	Ζωσιμη	Ägypten	CPJ 218
385	Ζωτικη	Rom	CII 117
386	Ηδηα	Jerusalem	CII 1324
387	Ηραις	Ägypten	CPJ 421
388	Ηρακλεα	Delos	CII 725
389	Ηρακλεια	Ägypten	CPJ 19
390	Ηρακλεια	Ägypten	CPJ 451
391	Ηρωδιας	Jerusalem	Ant 18, 109
392	Ησυχιον	Syrien	CII 804
393	Ησυχιον	Syrien	CII 813. 818
394	Ησυχις	Bet-Schearim	BS 2, 144
395	Θαλασα	Rom	CII 28
396	Θεοδοτη	Ägypten	CPJ 146
397	Θεοδοτη	Thrakien	CII 693
398	Θεοδουλα	Athen	CII 713
399	Θεοδωρα	Thessalien	CII 696
400	Θευδωρα	Delphi	CII 709
401	Theodora	Rom	CII 733 d
402	Θευδωρα	Ägypten	CII 1464
403	Θεοδωρα	Bet-Schearim	BS 2, 153
404	Θεοδωρα	Ägypten	CPJ 47
405	Θεοξενα	Ägypten	CPJ 28

Nr.	Name	Fundort bzw. Herkunft	Beleg
406	Θεοπεμπτη	Karien	CII 756
407	Θεοφιλα	Thessalien	CII 704
408	תפלה (= Θεοφιλα)	Jerusalem	CII 1241
409	Εισιδωρα / אסודרה	Rom	CII 291
410	Isidora	Spanien	CII 660 d
411	Ιστασια	Rom	CII 361
412	Ιωταπη	Jerusalem	Bell 2, 221
413	Καλλιοπη	Tauromenion	CII 650 a
414	Καλιοπη	Bet-Schearim	BS 2,136.137
415	Καλλιοπη	Bet-Schearim	BS 2, 200
416	קלניק (= Καλλονικη)	Syrien	CII 858
417	Καρτερια	Bet-Schearim	BS 2, 183
418	Κλεοπατρα	Jerusalem	Bell 1, 562
419	Κλευπας	Ägypten	CII 1530 b
420	Κολωνις	Syrien	CII 816
421	Κροκος	Jerusalem	CII 1212
422	קרקס (= Κροκος)	Jerusalem	CII 1312
423	Κυπρος	Jerusalem	Ant 16, 196
424	Κυπρος	Jerusalem	Ant 18, 138
425	Κυπρος	Jerusalem	Ant 18, 138
426	Κυπρος	Jerusalem	Ant 18, 148
427	Κυρα	Palästina	CII 945
428	Qyria	Bulgarien	CII 681
429	Κυρια	Bet-Schearim	BS 2, 170
430	Κυρθα	Jerusalem	CII 1326
431	Κυριλλα	Rom	CII 310
432	Κυριλλα	Bet-Schearim	CII 1153
433	Κυριλλα	Bet-Schearim	BS 2, 146
434	קירילא	Bet-Schearim	BS 3, 18
435	Λοτηις	Ägypten	CPJ 168
436	Λυσις	Ägypten	CPJ 424
437	Μαιρωνα	Palästina	CII 965
438	Μακαρια	Phrygien	CII 760

Nr.	Name	Fundort bzw. Herkunft	Beleg
439	Μαλθακη	Palästina	CII 1173
440	Μαργαριτα	Rom	CII 136
441	Μαργαριτα	Rom	CII 373
442	מגה (v. μεγας)	Bet-Schearim	BS 3, 24
443	Μελιτιον	Rom	CII 141
444	Μικκη	Bet-Schearim	BS 2, 165
445	Μοσχα	Jerusalem	CII 1329
446	Νικη	Ägypten	CII 1472
447	Νισα	Galatien	CII 797
448	Νυμφη	Sizilien	CII 652
449	Ολυμπιας	Jerusalem	Ant 17, 20
450	Ουρανια	Syrien	CII 817
451	Παλλας	Jerusalem	Bell 1, 562
452	Παννυχις	Jerusalem	Bell 1, 511
453	Παντω	Griechenland	CII 721
454	Παραμονη	Ägypten	CPJ 473
455	Παστοφορα	Palästina	CII 946
456	Πατρικη	Palästina	CII 947
457	Περιστερια	Thessalien	CII 696 b
458	Περσις	Rom	Röm 16, 12
459	Ποιμενις	Rom	CII 151
460	Ποντιανη	Thessalien	CII 697
461	Πρωτα	Jerusalem	CII 1252
462	Πρωτους	Ägypten	CPJ 421
463	פרוטון (= Πρωτωνη)	Syrien	CII 856
464	Πτολλους	Ägypten	CPJ 421
465	Ροδη	Jerusalem	Apg 12, 13
466	Ροσυνη	Ägypten	CPJ 511
467	Ρουα	Alexandria	CII 1438
468	Ρωξανη	Jerusalem	Bell 1, 563
469	Σαπρικια	Syrien	CII 811
470	Σαφου	Bet-Schearim	CII 1000
471	Σαφου	Bet-Schearim	BS 2, 127
472	Simonis	Rom	CII 267

Nr.	Name	Fundort bzw. Herkunft	Beleg
473	Σιμοτερα	Alexandria, aus Sidon	CII 1430
474	Σιρικα	Rom	CII 168
475	Sirica	Rom	CII 213
476	Σιρικια	Bet-Schearim	BS 2, 155
477	Σιρικουσα	Bet-Schearim	CII 1126.1127
478	Σοφια	Kisamos, aus Gortyna	CII 731 c
479	Συνκλητικη	Palästina	CII 953
480	Σωφρονια	Rom	CII 511
481	Τευφια	Ägypten	CII 1506
482	Τροφιμη	Rom	CII 169
483	Τροφιμη	Phrygien	CII 768
484	Τρυφαινα	Ägypten	CII 1463
485	Τρυφαινα	Ägypten	CPJ 421
486	Τρυφαινα	Ägypten	CPJ 543
487	Τρυφαινα	Rom	Röm 16, 12
488	Τρυφερα	Bet-Schearim	CII 1067
489	Τρυφωσα	Rom	Röm 16, 12
490	Τυχη	Phrygien	CII 762
491	Φαιδρα	Jerusalem	Ant 17, 21
492	Φιλομηλη	Italien	CII 551
493	Φιλοτερα	Ägypten	CII 1444
494	Φιλουμενη	Ägypten	CII 1539
495	Φιλους	Ägypten	CPJ 421
496	Φιλους	Ägypten	CII 1521
497	Φιλουτιν	Ägypten	CII 1504
498	Φωτιος	Syrien	CII 804
499	Χρηστη	Kertsch	CII 683
500	Ψυλλα	Alexandria	CII 1431
501	Ωραια	Ägypten	CII 1509

Nr.	Name	Fundort bzw. Herkunft	Beleg
502	Aelia	Rom	CII 260
503	Agnella	Italien	CII 614
504	Αννια	Rom	CII 300
505	Antonina	Rom	CII 236
506	Αкυλεινα (= Aquilina)	Rom	CII 389
507	Ασελλα	Italien	CII 578
508	Asella	Italien	CII 608
509	Asella	Italien	CII 611
510	אמירן (v. Attius)	Bet-Schearim	BS 3, 15
511	אמיר (v. Attius)	Bet-Schearim	BS 3, 15
512	Αυια (= Avia)	Rom	SEG 26, 1197
513	Bellula	Rom	CII 458
514	Βενεδικτα	Rom	CII 733 a
515	Βερωνικιανη	Italien	CII 581
516	Κασσια (= Cassia)	Pannonien	CII 676
517	Καστα (= Casta)	Italien	CII 588
518	Catella	Italien	CII 608
519	Catella	Italien	CII 610
520	Κοτολλα (= Catulla)	Jerusalem	CII 1234
521	Κεντουλια (= Centullia)	Rom	CII 129
522	Κρησκεντινα (= Crescentina)	Rom	CII 39
523	Κρησκεντινα (= Crescentina)	Rom	CII 96
524	Κρησκεντινα (= Crescentina)	Rom	CII 278
525	Κρισπινα (= Crispina)	Rom	CII 126
526	Δαμνατα (= Damnata)	Rom	CII 475
527	Δομιτια (= Domitia)	Rom	CII 105
528	ירממיא (aus דרמטיא = Domitia)	Palästina	M Ar 5, 1
529	Δομιτιλλα (= Domitilla)	Syrien	CII 808
530	Δομνικα (= Domnica)	Bet-Schearim	BS 2, 198

Nr.	Name	Fundort bzw. Herkunft	Beleg
531	Δομνα (= Domna)	Palästina	CII 964
532	Δομνα (= Domna)	Palästina	CII 1169
533	דומנה (= Domna)	Bet-Schearim	BS 3, 20
534	Δρουσιλλα (= Drusilla)	Jerusalem	Ant 18, 132
535	Dulceia	Rom	CII 227
536	Dulciorella	Gallien	CII 670
537	Doulcitia (!)	Rom	CII 226
538	Δουλκιτια (= Dulcitia)	Rom	CII 106
539	Δουλκιτια (= Dulcitia)	Rom	CII 141
540	Φαυστινα (= Faustina)	Rom	CII 283
541	Φαυστινα (= Faustina)	Rom	CII 419
542	פורסטינה (= Faustina)	Italien	CII 559
543	Φαυστινα (= Faustina)	Italien	CII 597
544	Φα⟨υ⟩στινα (= Faustina)	Italien	CII 598
545	Faustina	Italien	CII 611
546	Faustina	Italien	CII 619 d
547	Φαυστεινα (= Faustina)	Italien	CII 619 d
548	Φηλικισσιμα (= Felicissima)	Rom	CII 339
549	Φηλικισσιμα (= Felicissima)	Rom	CII 415
550	Φηλεικιτας (= Felicitas)	Rom	CII 414
551	Felicitas	Rom	CII 462
552	Φλαβια (= Flavia)	Rom	CII 288
553	Φλαβια (= Flavia)	Rom	CII 361
554	Flora	Rom	CII 69
555	Φορμικουλα (= Formicula)	Rom	CII 414
556	Φυρια (= Furia)	Bet-Schearim	BS 2, 159
557	Γαιανη (= Gaiana)	Phrygien	CII 770
558	Γαυδεντια (= Gaudentia)	Rom	CII 314
559	Γαυδεντια (= Gaudentia)	Rom	CII 315
560	Gaudiosa	Sardinien	CII 660 a
561	Γεμελλινα (= Gemellina)	Rom	CII 102
562	Ιουλια (= Iulia)	Rom	CII 124
563	Iulia	Rom	CII 221

Nr.	Name	Fundort bzw. Herkunft	Beleg
564	Iulia	Rom	CII 241
565	Iulia	Rom	CII 391
566	Ιουλια (= Iulia)	Ionien	CII 745
567	Ιουλια (= Iulia)	Rom	Röm 16, 15
568	Ιουλια	Rom	SEG 26, 1191
569	Iunia	Rom	CII 243
570	Iusta	Rom	CII 240
571	Ιουστα (= Iusta)	Italien	CII 583
572	Ειουστα (= Iusta)	Bet-Schearim	BS 2, 149
573	Iustissima	Rom	CII 244
574	Λεοντια (= Leontia)	Tauromenion	CII 650 a
575	Λεοντια (= Leontia)	Rom	CII 369
576	Λεοντινα (= Leontina)	Palästina	SEG 26, 1687
577	Λουκιλλα (= Lucilla)	Rom	CII 135
578	Λουκινα (= Lucina)	Rom	CII 95
579	Μαγνα (= Magna)	Bet-Schearim	CII 1008
580	Markella (!)	Rom	CII 248
581	Μαρκελλα (= Marcella)	Rom	CII 249
582	Μαρκελλα (= Marcella)	Rom	CII 496
583	Μαρκια (= Marcia)	Rom	CII 44
584	Μαρκια (= Marcia)	Rom	CII 139
585	Marcia	Rom	CII 250
586	Μαρκια (= Marcia)	Rom	CII 377
587	Μαρκιανα (= Marciana)	Rom	CII 45
588	Μαρκιανα (= Marciana)	Italien	CII 539
589	Μαρινα (= Marina)	Rom	CII 376
590	Marosa	Rom	CII 254
591	Μαρτινα (= Martina)	Italien	CII 540
592	Μαρυλλεινα = (Maryllina)	Rom	CII 288
593	מתאירינא (= Materina)	Italien	CII 595
594	Ματρωνα (= Matrona)	Rom	CII 46
595	Matrona	Gallien	CII 670
596	Maxima	Rom	CII 473
597	Maximina	Rom	CII 70

Nr.	Name	Fundort bzw. Herkunft	Beleg
598	מלליושא (= Meliosa)	Spanien	CII 661
599	Νοννα (= Nonna)	Palästina	CII 917
600	Νωμητωρα (= Numitoria)	Rom	CII 381
601	Οκ⟨λα⟩τια	Rom	SEG 26, 1189
602	Polla (= Paulla)	Rom	CII 241
603	Πωλλα (= Paulla)	Jerusalem	CII 1302
604	Πετρωνια (= Petronia)	Rom	CII 149
605	Πισιννα (= Pisinna)	Rom	CII 108
606	⟨Πομ⟩πωνια	Rom	SEG 26, 1169
607	פרטיוסה / Pretiosa	Italien	CII 570
608	Πρετιωσα (= Pretiosa)	Italien	CII 591
609	Πριμα (= Prima)	Rom	CII 361
610	Πριμιτιβα (= Primitiva)	Rom	CII 385
611	Πρειμοσα (= Primosa)	Bet-Schearim	BS 2, 184
612	Πρισκιλλα (= Priscilla)	aus Rom	Apg 18, 2
	auch: Πρισκα (= Prisca)		(Röm 16, 3)
613	Probina	Rom	CII 527
614	Procla	Rom	CII 260
615	Προκλα (= Procla)	Rom	CII 386
616	Προκλα (= Procla)	Rom	CII 387
617	Προκλα (= Procla)	Rom	CII 388
618	Προκλεινα (= Proclina)	Rom	CII 389
619	Κουιντιανη (= Quintiana)	Rom	CII 506
620	Restituta	Rom	CII 265
621	Rosa	Italien	CII 607
622	Ρουφεινα (= Rufina)	Italien	CII 541
623	Ρουφεινα (= Rufina)	Ionien	CII 741
624	Σαβεινα (= Sabina)	Rom	CII 158
625	Σαβεινα (= Sabina)	Rom	CII 159
626	Sania	Italien	CII 557
627	Σεβερα (= Severa)	Rom	CII 264
628	Σεβηρα (= Severa)	Italien	CII 594
629	Σιμπλικια (= Simplicia)	Rom	CII 166
630	Σιμπλικια (= Simplicia)	Rom	CII 167

Nr.	Name	Fundort bzw. Herkunft	Beleg
631	Στατωρεα (= Statoria)	Rom	CII 54
632	Τερτια (= Tertia)	Beroea	CII 694 b
633	Ουρσακια (= Ursacia)	Rom	CII 147
634	Valeria	Rom	CII 267
635	בלוריא (= Valeria)	Palästina	b R hasch 18 b
636	Βενερωσα (= Venerosa)	Rom	CII 268
637	Benus	Italien	CII 568
638	Βηριανη (= Veriana)	Rom	CII 12
639	Βιβια (= Vibia)	Rom	CII 156
640	Βικτωρα (= Victoria)	Rom	CII 312
641	Victorina	Rom	CII 482

12.6. Ägyptische Namen

Nr.	Name	Fundort bzw. Herkunft	Beleg
642	Σεμθοις	Ägypten	CPJ 515
643	Ταησις	Ägypten	CPJ 424
644	Ταουτιν	Ägypten	CII 1480
645	Ταουτιν	Ägypten	CII 1520
646	Τετευτιον	Ägypten	CII 1527

12.7. Kleinasiatische Namen

Nr.	Name	Fundort bzw. Herkunft	Beleg
647	Αλινη	Ägypten	CII 1530
648	אמא (= Αμμα)	Jerusalem	CII 1289
649	Αμμια	Phrygien	CII 703
650	Αμμια	Athen, aus Jerusalem	CII 715 a
651	Αμμια	Phrygien	CII 762
652	Αμμια / אסיה	Jerusalem	CII 1372
653	Αμμιας	Rom, aus Laodikea	CII 296
654	Αμνια (?)	Rom	CII 179
655	Μαννινε	Italien	CII 590
656	סיסינה (= Σισινα)	Jerusalem	CII 1398
657	Τατη	Bet-Schearim	BS 2, 128

Nr.	Name	Fundort bzw. Herkunft	Beleg
684	Αυρελια Ποντιανη	Lydien	CII 752
685	Αυρελια Ιουλιανη	Phrygien	CII 760
686	Αυρελια Ονησιμη	Phrygien	CII 768
687	Αυρελια Τατιανη (=Tatiana)	Phrygien	CII 774
688	Αυρελια Αυγουστη	Phrygien	CII 775
689	Αυρελια Γλυκωνης	Phrygien	CII 776
690	Αυρελια Μενανδρις	Phrygien	CII 778
691	Αυρηλια Μαρια (=Mirjam)	Phrygien	CII 780
692	Αυρηλια Θαμαρ (=Thamar)	Bithynien	CII 798
693	Benedicta Maria (= Mirjam)	Rom	CII 459
694	Καιλια Δομνινα (= Caelia Domnina)	Rom	CII 35 a
695	Καιλια Ευοδους	Rom	CII 363
696	Caelia Paterna	Italien	CII 639
697	Καττια (=Cattia) Αμμιας	Italien	CII 537
698	Claudia Aster	Italien	CII 556
699	Κλαυδια Πριμα (= Claudia Prima)	Rom	CII 366
700	Claudia Berenice	Rom	CII 461
701	Claudia Marciana	Rom	CII 461
702	Domitia Felicitas	Rom	CII 212
703	Eparchia Theosebes	Rom	CII 228
704	Φαβια Cασια (!)(= Fabia Cassia) (Sassia)	Rom	CII 413
705	Φαβια Μαυρια	Rom	CII 413
706	Faustula Provincia	Rom	CII 233
707	Φλαβια Αντωνινα (= Antonina)	Rom	CII 416
708	Flavia Aphrodisia	Italien	CII 532
709	Flavia Caritina	Rom	CII 234

12.8. Sonstige

Nr.	Name	Fundort bzw. Herkunft	Beleg
658	Getiores/ Γητιωρης	Lydien	CII 750
659	Maetuut	Italien	CII 614
660	Μαζαζαυλα	Tripolitanien	SEG 27, 1201

12.9. Doppelnamen

Nr.	Name	Fundort bzw. Herkunft	Beleg
661	Actia Sabinilla	Pannonien	CII 678
662	Αγεντια Ιουλιανα (= Agentia Iuliana)	Rom	CII 81
663	Aelia Alexandria	Rom	CII 208
664	Αιλια (=Aelia) Αταλαντη	Phrygien	CII 773
665	Aelia Auguria	Rom	CII 209
666	Αιλια Πατρικια (=Patricia)	Rom	CII 266
667	Aelia Septima	Rom	CII 208
668	Αιμιλια (=Aemilia) Θεο-δωρα	Rom	CII 83
669	Σαλωμη Αλεξανδρα	Jerusalem	Ant 13, 320
670	Αλεξανδρια Σεβηρα	Rom	CII 144
671	Alfia Soteris	Italien	CII 553
672	Appidia Lea	Rom	CII 212
673	Αυρελια (=Aurelia) Μαρια	Rom	CII 96
674	Aurelia Althea	Rom	CII 214
675	Αυρηλια Καιλερινα (= Caelerina)	Rom	CII 215
676	Αυρηλια Βασσα	Palästina	SEG 26, 1688
677	Aurelia Flavia	Rom	CII 216
678	Aurelia Quintilla	Rom	CII 217
679	Aurelia Protogenia	Rom	CII 217
680	Aurelia Helene	Rom	CII 219
681	Αυρηλια Ζωτικη	Rom	CII 307
682	Aurelia Soteria	Pola	CII 641. 642
683	Aurelia Rufina	Pola	CII 641

Nr.	Name	Fundort bzw. Herkunft	Beleg
710	Flavia Datiba (= Dativa)	Rom	CII 234
711	Φλαβια Φλαβιανη (= Flaviana)	Rom	CII 299
712	Φλαβια Ιουλιανη	Rom	CII 172
713	Flavia Maria (= מרים)	Rom	CII 457
714	Flavia Optata	Concordia	CII 640
715	Φλαβια Βιταλινη (= Vitalina)	Rom	CII 235
716	Φουλεια Αφρικανη (= Furia Africana)	Jerusalem	CII 1227
717	Gargilia Eufraxia	Rom	CII 237
718	Iulia Afrodisia	Rom	CII 220
719	Ιουλια Αλεξανδρα	Rom	CII 239
720	Iulia Alexandria	Rom	CII 470
721	Ιουλια Εμιλια (=Aemilia)	Rom	CII 123
722	Iulia Maria	Italien	CII 636
723	Ιο⟨υ⟩λια Μαρκελλα	Rom	CII 34
724	Ιουλια Ρ....	Rom	CII 35
725	Ιουλια Σεουηρα	Phrygien	CII 766
726	Ιουλια Σεβηρα	Rom	CII 352
727	Iunia Sabina	Rom	CII 242
728	Iunia Salomonula	Spanien	CII 665
729	Ιωαννα Ευφροσυνη	Alexandria	CII 1429
730	Larcia Quadratilla	Rom	CII 285
731	Κλεουπω Κοιντα (=Quinta)	Thessalien	CII 698
732	Lasif Erina (?)	Sizilien	CII 650
733	Lucretia Faustina	Rom	CII 247
734	Maecia Lucianis	Rom	CII 470
735	Maiana Homeris	Rom	CII 524
736	Μαρια(= Maria)Ιουδα	Thessalien	CII 701
737	Μαρια(= Maria)Ονησις	Phrygien	CII 779

Nr.	Name	Fundort bzw. Herkunft	Beleg
738	Maria Augurina	Rom	CII 251
739	Μαρκια Ζηνοδωρα	Rom	CII 43
740	Μαρκια Τρυφερα	Rom	CII 43
741	Nonna Sarcogna	Italien	CII 645
742	Ουλπια Μαρεινα (= Ulpia Marina)	Rom	CII 257
743	Patricia Aster	Rom	CII 468
744	Πολλια (= Pollia) Μαρια	Ägypten	CII 462
745	Rufilla Pietas	Rom	CII 262
746	Σαβεινα (=Sabina) Παλμη	Rom	CII 160
747	Σαρα (= Sara) Ουρσα (= Ursa)	Rom	CII 400
748	Septima Maria	Pannonien	CII 678
749	Θαλεθθι Μαρα	Palästina	SEG 26, 1686
750	Τιτινια Αννα	Rom	CII 411
751	Tyrisia Profutura	Rom	CII 243
752	Βαρια (=Varia) Ζωτικη	Rom	CII 311
753	Βισιννια (= Visinnia) Δημω		CII 744

12.10. Dreigliedrige Namen

Nr.	Name	Fundort bzw. Herkunft	Beleg
754	Lucia Maecia Sabbatis	Rom	CII 470
755	Iulia Irene Arista	Rom	CII 72
756	Μεσσια Σεουερινη Λογγινα (= Messia Severina Longina)	Rom	CII 733 g
757	Ραηλ Κυρα Ουρανια	Bet-Schearim	CII 1154
758	Beturia (= Veturia) Paucla Sara	Rom	CII 523

12.11. Signa

Nr.	Name	Fundort bzw. Herkunft	Beleg
759	Ειρηνη ἡ καὶ Σαραπους	Ägypten	CII 1478
760	Επιτυχια ἡ καὶ Διονυσια	Ägypten	CII 1532
761	Θεοδοσια ἡ καὶ Σαρα	Bet-Schearim, aus Tyros	BS 2, 199
762	Θεοδωρα ἡ καὶ Γοργονεις	Rom	CII 30
763	Ισθηρ (= Esther) ἡ κὲ Αμφαιθα	Bet-Schearim	CII 1009
764	Ματρωνα ἡ καὶ Φωτιος	Kilikien	CII 788
765	מרים שרה	Babylonien	b Git 34 b
766	Νεβια (= Naevia) Κυρια ἡ καὶ Μαπλικα	Rom	CII 47
767	Σαρα ἡ Μαξιμα (= Maxima)	Bet-Schearim	CII 1124.1125
768	Σεμνους ἡ καὶ Σιρικις	Bet-Schearim	BS 2, 191
769	Ταβιθα ἡ διερμηνευομένη Δορκας	Palästina	Apg 9, 36

13. Anmerkungen

1) Neusner, History 1, S. XIV.

2) Bleicken, Verfassungs- und Sozialgeschichte des Römischen
   Kaiserreichs, Bd. 1, Paderborn-München-Wien-Zürich²
   1981, S. 15.

3) Les Juifs 1, S. 180 - 209.

4) Smallwood, The Jews, S. 122 Anm. 13.

5) Schalit, Herodes, S. 743 f.

6) Schreckenberg, Adversus-Judaeos-Texte, S. 259 ff.
   269 f. 339 ff.

7) Avi-Yonah, in: The Jewish People 1, S. 79.

8) Avi-Yonah, The Holy Land, S. 72.

9) Avi-Yonah, The Holy Land, S. 92 f.; ders., in: The Jewish
   People 1, S. 92.

10) Avi-Yonah, The Holy Land, S. 110.

11) Avi-Yonah, The Holy Land, S. 121.

12) Ben-David, Talmudische Ökonomie 1, S. 46 mit Tabelle 1.

13) Bickerman, Der seleukidische Freibrief für Jerusalem.
    In: A. Schalit, Zur Josephus-Forschung, Darmstadt 1973,
    S. 205 - 240.

14) Schalit, Herodes, S. 301 f.

15) Schalit, Herodes, S. 99 f. 301 - 303.

16) Schalit, Herodes, S. 252. 405.

17) Smallwood, The Jews, S. 348 - 351.

18) Smallwood, The Jews, S. 474 - 476. 511 f.

19) Stern, in: The Jewish People 1, S. 414;
    Ben-David, Talmudische Ökonomie 1, S. 51.

20) Schalit, Herodes, S. 217.

21) Stern, in: The Jewish People 1, S. 403.

22) Hengel, Judentum und Hellenismus, S. 66.

23) Applebaum, in: The Jewish People 2, S. 657.

24) Ben-David, Talmudische Ökonomie 1, S. 52.

25) Ben-David, Talmudische Ökonomie 1, S. 149 f.

26) J. Maier, Tempel und Tempelkult. In: J. Maier -
    J. Schreiner (Hrsg.), Literatur und Religion des
    Frühjudentums, Würzburg-Gütersloh 1973, S. 371 - 390.

27) Foerster, in: The Jewish People 2, S. 976.

28) Vgl. z. B. E. L. Sukenik, The Ancient Synagogue of
    Beth Alpha, Nachdr. Hildesheim-New York 1975.

29) Foerster, in: The Jewish People 2, S. 990.

30) Zuordnung nach P. Deselaers, Das Buch Tobit, Freiburg-
    Göttingen 1982, S. 514.

31) Zuordnung nach W. Rudolph, Esra und Nehemia (Handbuch
    zum Alten Testament I 20), Tübingen 1949, S. VIII.

32) CPJ I, S. 1.

33) Smallwood, The Jews, S. 231 f.

34) CPJ I, S. 74 f.

35) Smallwood, The Jews, S. 517 f.

36) CPJ I, S. 99.

37) CPJ III, S. 197 - 209.

38) CPJ I, S. 4.

39) Smallwood, The Jews, S. 227.

40) Applebaum, in: The Jewish People 1, S. 424.

41) So Applebaum, in: The Jewish People 1, S. 703 Anm. 5.

42) Smallwood, The Jews, S. 367 f.

43) S. Schreckenberg, Adversus-Judaeos-Texte,
    S. 376.

44) Smallwood, The Jews, S. 129.

45) Smallwood, The Jews, S. 376 - 384.

46) Leon, S. 8 f.; Smallwood, The Jews, S. 126 f.

47) Leon, S. 136.

48) Leon, S. 140 ff.

49) Smallwood, The Jews, S. 127 f.

50) Dazu Leon, S. 167 ff.

51) Leon, S. 233 ff.

52) Strack-Stemberger, Einleitung, S. 81.

53) Leon, S. 195 ff.

54) S. 76.

55) Neusner, History 2, S. 250.

56) Neusner, History 2, S. 95 ff.

57) Neusner, History 1, S. 88 ff.

58) Neusner, History 4, S. 252.

59) Neusner, History 1, S. 94 ff.

60) Kraeling, Final Report VIII 1, S. 16. 22 f.

61) Kraeling, Final Report VIII 1, S. 261 ff.

) Strack-Stemberger, Einleitung, S. 199.

) M. Rostovtzeff, Die hellenistische Welt 2.
Dt. Übersetzung Stuttgart 1955, S. 494.

) Smallwood, The Jews, S. 371 - 376.

) D. Goodblatt, The Beruriah Traditions, in: W. S. Green
(Hrsg.), Persons and Institutions in Early Rabbinic
Judaism, Missoula/Montana 1977, S. 207 - 229.

) Sh. J. D. Cohen, The Origins, S. 36. 52.

) Vgl. noch Y. Yadin, in: Revue Biblique 79 (1972), S. 98.

) Frey, La signification des termes μονανδρος et univira,
in: Recherches de science religieuse 20 (1930),
S. 48 - 60.

) Friedman, Marriage, S. 192 Anm. 1.

) I. Heinemann, Philons griechische und jüdische Bildung,
Breslau 1932, S. 299; H. J. Wolff, Written and Unwritten
Marriages in Hellenistic and Postclassical Roman Law,
Haverford/Pennsylvania 1939.

) S. Krauss, Griechische und lateinische Lehnwörter in
Talmud, Midrasch und Targum 2, Nachdr. Hildesheim 1964,
S. 228.

) Wolff, Written and Unwritten Marriages, S. 6. 27.

) Falk, Introduction 2, S. 283 f.

) Vgl. noch A. Gulak, Das Urkundenwesen im Talmud,
Jerusalem 1935, S. 5; B. Cohen, Jewish and Roman Law 1,
S. 348 - 376; G. Häge, Ehegüterrechtliche Verhältnisse
in den griechischen Papyri Ägyptens bis Diokletian,
Stuttgart 1932, S. 44.

) Falk, Introduction 2, S. 300.

) Falk, Introduction 2, S. 341.

) Schalit, Herodes, S. 577.

) Schalit, Herodes, S. 66. 564.

) B. Cohen, Jewish and Roman Law, S. 392.

) Pomeroy, S. 251 ff.

81) Dazu Schalit, Herodes, S. 585 f.

82) Balsdon, Die Frau, S. 77. 299.

83) H. Blanck, Einführung in das Privatleben der Griechen
und Römer, Darmstadt 1976, S. 52.

84) Krauss, Lehnwörter, passim.

85) Zu einzelnen Frisuren vgl. Blanck, Privatleben, S. 62. 74.

86) B. Cohen, Jewish and Roman Law, S. 391 ff.

87) Die Erklärer phantasieren; vgl. Ch. Albeck,
Schischa sidre mischna, Naschim, Jerusalem - Tel-Aviv
1959, S. 369 zu M Ned 11, 12.

88) Friedman, Termination of the Marriage, S. 29 - 55;
B. Cohen, Jewish and Roman Law, S. 384.

89) Neusner, History 3, S. 277 ff.; History 4, S. 204 ff.

90) Falk, Introduction 2, S. 317.

91) J. H. Levy, Studies in Jewish Hellenism, Jerusalem 1960,
S. 197 - 203.

92) Balsdon, Die Frau, S. 83. 254. 304. Leon (S. 234 Anm. 1)
bestreitet die aus der Gestaltung des Sarkophags er-
schlossene "Berufsangabe" mit dem Argument, es handle
sich um übliche Verzierungen.

93) I. Elbogen, Der jüdische Gottesdienst in seiner geschichtlichen Entwicklung, ³Frankfurt (Main) 1931,
S. 493 f.

94) Hüttenmeister, Die antiken Synagogen, S. IX und passim.

95) B. J. Brooten, Women Leaders, S. 103 -138.

96) S. Lieberman, The Tosefta. The Order of Moʻed,
New York 1962, und Tosefta ki-fshutah, Part V, New York
1962, zu T Meg 4, 11.

97) Segal, Jewish Attitude, S. 136.

98) Brooten, Women Leaders, S. 149 - 151.

99) Leon, S. 179 f.; 195 f.

100) Leon, ibid.

101) Pomeroy, S. 258 f.

A	= Codex Alexandrinus		Krauss TA	= Krauss, Talmudische Archäologie
Ab	= Abot		Lev	= Leviticus
Add Dan	= Zusätze zu Daniel		LXX	= Septuaginta
Apg	= Apostelgeschichte		M	= Mischna
Ar	= Arakin		Makk	= Makkabäer
Arist	= Aristeasbrief		Meg	= Megilla
ARN	= Abot deRabbi Natan		Mek	= Mekilta
Äth Hen	= Äthiopischer Henoch		Midd	= Middot
AZ	= Aboda Zara		Mk	= Markus
b (vorgestellt)	= babylonischer Talmud		M kaṭ	= Moed kaṭan
B	= Codex Vaticanus		Mt	= Matthäus
Bar	= Baraita		Naz	= Nazir
B bat	= Baba batra		Ned	= Nedarim
Bek	= Bekorot		Neh	= Nehemia
Ber	= Berakot		Nid	= Nidda
Beyer	= Beyer, Die aramäischen Texte vom Toten Meer		Num	= Numeri
			Philon Congr	= Philon, De congressu eruditionis causa
B ḳam	= Baba ḳamma		Philon Cont	= Philon, De vita contemplativa
B meṣ	= Baba meṣia		Philon Ebr	= Philon, De ebrietate
BS	= Beth Sheʿarim		Philon Fl	= Philon, In Flaccum
CD	= Damaskusschrift		Philon Jos	= Philon, De Iosepho
CII	= Corpus Inscriptionum Iudaicarum		Philon Leg	= Philon, Legatio ad Gaium
CPJ	= Corpus Papyrorum Judaicarum		Philon Mos	= Philon, De vita Mosis
Deut	= Deuteronomium		Philon Prob	= Philon, Quod omnis probus liber sit
Dig.	= Digesten		Philon Q Gen	= Philon, Quaestiones in Genesin
DJD	= Discoveries in the Judaean Desert		Philon SL	= Philon, De specialibus legibus
Edu	= Edujjot		Philon Virt	= Philon, De virtutibus
Es	= Esra		Plinius, n. h.	= Plinius, Naturalis historia
Ex	= Exodus		Ps - Phok	= Pseudo-Phokylides
Ez	= Ezechiel		R	= Rabba
G	= Griechischer Text		R hasch	= Rosch ha-schana
Gen	= Genesis		Ri	= Richter
Giṭ	= Giṭṭin		S	= Codex Sinaiticus
H	= Hebräischer Text		Sam	= Samuel
Ḥag	= Ḥagiga		Sanh	= Sanhedrin
Ḥal	= Ḥalla		Sap	= Weisheit Salomos
Hor	= Horajot		Schab	= Schabbat
IEJ	= Israel Exploration Journal		Schebu	= Schebuot
j	= jerusalemischer (palästinischer) Talmud		Scheḳ	= Scheḳalim
Jeb	= Jebamot		S Deut	= Sifre zu Deuteronomium
Jer	= Jeremia		SEG	= Supplementum Epigraphicum Graecum
Jes	= Jesaja		Sib	= Sibyllinen
Joh	= Johannes		Sir	= Sirach
Jom	= Joma		S Num	= Sifre zu Numeri
Jos	= Josua		Soṭ	= Soṭa
Josephus Ant	= Josephus, Antiquitates Iudaicae		St Est	= Stücke zu Esther
Josephus Ap	= Josephus, Contra Apionem		Suk	= Sukka
Josephus Bell	= Josephus, Bellum Iudaicum		Syr Bar	= Syrischer Baruch
JSHRZ	= Jüdische Schriften aus hellenistisch-römischer Zeit		T	= Tosefta
			Taan	= Taanit
Jub	= Jubiläenbuch		Targ	= Targum
Jud	= Judith		Ter	= Terumot
Kel	= Kelim		Test Hi	= Testament Hiobs
Ker	= Keritot		Test XII	= Testamente der zwölf Patriarchen
Ket	= Ketubbot		Tim	= Timotheus
Ḳid	= Ḳidduschin		Tob	= Tobit
Kön	= Könige		TR	= Tempelrolle
Kor	= Korinther			

15. Literaturhinweise

15.1. Quellen

Aberbach, M. und
Grossfeld, B.

Targum Onkelos to Genesis. A Critical
Analysis together with an English
Translation of the Text: (based on
A. Sperber's edition), New York 1982

Aland, K. - Black,
M. - Martini, C. M.
u. a.

Novum Testamentum Graece,
Stuttgart ²⁶ 1979

Albeck, Ch.

Schischa Sidre Mischna (Text vokalisiert
von Ḥ. Yalon), 6 Bde., Jerusalem 1952 -
1958

Arnaldez, R. u.a.
Les oeuvres de Philon d'Alexandrie,
Paris 1961 ff. (griech. und frz.)

Avigad, N.
Beth She'arim, III, Jerusalem 1976

Bellinger, A. u.a.
(Hrsg.)

The Excavations at Dura-Europos.
Final Report VIII, Part I: The Synagogue.
By C. H. Kraeling, New Haven 1956

Benoit, P. - Milik,
J. T. - de Vaux, R.
Discoveries in the Judaean Desert II.
Les grottes de Murabba'ât,
Oxford 1961

Berliner, A.
Targum Onkelos, Berlin 1884

Beyer, K.

Die aramäischen Texte vom Toten Meer
samt den Inschriften aus Palästina,
dem Testament Levis aus der Kairoer
Genisa, der Fastenrolle und den alten
talmudischen Zitaten, Göttingen 1984

Black, M. -
Denis, A.-M.

Apocalypsis Henochi Graece. Fragmenta
Pseudepigraphorum quae supersunt Graeca
una cum historicorum et auctorum Judaeorum
Hellenistarum fragmentis, Leiden 1970

Bogaert, P.
Apocalypse syriaque de Baruch, 2 Bde.,
Paris 1969

Brock, S. P. -
Picard, J.-C.

Testamentum Iobi. Apocalypsis Baruchi
Graece, Leiden 1967

Buber, S.
Midrasch Echa Rabbati, Nachdr. Hildesheim
1967

Charles, R. H.
The Greek Version of the Testaments of
the Twelve Patriarchs, Nachdr. Darmstadt
1966

Charles, R. H.
The Apocrypha and Pseudepigrapha of the
Old Testament, 2 Bde., Neudr. Oxford 1968

Clementz, H.
Des Flavius Josephus Jüdische Altertümer,
Halle 1899 (u. ö.)

Clementz, H.
Des Flavius Josephus kleinere Schriften,
Halle 1900 (u. ö.)

Cohn, L. - Wendland,
P. - Reiter, S.

Philonis Alexandrini opera quae supersunt.
Editio minor, 6 Bde., Berlin 1896 - 1915.

Cohn, L. -
Heinemann, I.
u.a.

Philo von Alexandria. Die Werke in deutscher
Übersetzung, 7 Bde. I - VI Nachdr.
Berlin 1962, VII Berlin 1964

Colson, F. H. -
Whitaker, G. H. -
Marcus, R. -
Earp, S. W.

Philo, 10 Bde., Cambridge/Mass. - London
1929 - 1962 (u. ö.), 2 Supplementbde.,
Cambridge/Mass. - London
1953 (u. ö.)

Le Déaut, R.

Targum du Pentateuque, 4 Bde., Paris
1978 - 1980

Elliger, K. -
Rudolph, W.

Biblia Hebraica Stuttgartensia,
Stuttgart 1967/77

Epstein, I.

The Babylonian Talmud (= Soncino Talmud),
18 Bde., London ²1961

Finkelstein, L.

Siphre ad Deuteronomium, Berlin 1939
(u. ö.)

Frey, J.-B.

Corpus Inscriptionum Iudaicarum,
Bd. I² = Corpus of Jewish Inscriptions
Volume I: Europe, Prolegomenon by B,
Lifshitz, New York 1975. II: Rom 1952

Geffcken, J.

Die Oracula Sibyllina, Leipzig 1902

Ginsburger, M.

Das Fragmententargum, Berlin 1899

Goldin, J.

The Fathers According to Rabbi Nathan,
New Haven 1955 (u. ö.)

Goldschmidt, L.

Der Babylonische Talmud mit Einschluß
der vollständigen Miʃnah, 9 Bde.,
Haag 1933 - 35

Hengel, M. -
Neusner, J. u. a.
(Hrsg)

Übersetzung des Talmud Yerushalmi,
Tübingen 1980 ff.

Hoffmann, D.

Midrasch Tannaim zum Deuteronomium,
Berlin 1908/9

Holladay, C. R.

Fragments from Hellenistic Jewish Authors,
I: Historians, Chico, Ca. 1983

Horovitz, H. S.

Siphre d'be Rab. Siphre ad Numeros
adjecto Siphre zutta, Nachdr.
Jerusalem 1966

Horovitz, H. S. -
Rabin, J. A.

Mechilta d'Rabbi Ismael, Nachdr.
Jerusalem 1970

Horovitz, C. M.

Pirke de Rabbi Eliezer. A complete
critical edition as prepared by
C. M. Horovitz, but never published.
Facsimile edition of editor's original
MS, Jerusalem 1972

van der Horst, P. W.

The Sentences of Pseudo-Phocylides,
Leiden 1978

Kautzsch, E.

Die Apokryphen und Pseudepigraphen
des Alten Testaments, 2 Bde., Nachdr.
Darmstadt 1962

Kittel, G.

Sifre zu Deuteronomium, 1. Lieferung,
Stuttgart 1922

Kümmel, W. G. u.a.

Jüdische Schriften aus hellenistisch-
römischer Zeit, Gütersloh 1973 ff.

Kuhn, K. G.

Der tannaitische Midrasch Sifre zu
Numeri, Stuttgart 1959

Lieberman, S.

The Tosefta, und Tosefta ki-fshuṭah,
13 Bde., New York 1955 - 1973

Ljungman, H.

Sifre zu Deuteronomium. 1. Lfg.
(§§ 1 - 31 = Dtn 1,1 - 6,4),
Stuttgart 1964

Lohse, E.

Die Texte aus Qumran, ²Darmstadt
1971

Maier, J.

Die Tempelrolle vom Toten Meer,
München - Basel 1978 (= UTB 829)

Mandelbaum, B.

Pesikta de Rav Kahana, 2 Bde., New York
1962

Mazar (Maisler), B.
Beth She'arim, I, Jerusalem 1973

Michel, O. -
Bauernfeind, O.

Flavius Josephus De bello Judaico,
3 Bde., Darmstadt ³1982

Milik, J. T.
The Books of Enoch, Oxford 1976

Mirkin, M. A.

Midrasch Rabba, 11 Bde., Tel-Aviv
1968 - 1975

Neusner, J.

The Tosefta, 6 Bde., New York 1977 -
1981

Niese, B.

Flavii Josephi opera edidit et apparatu
critico instruxit Benedictus Niese.
7 Bde., Berlin 1885 - 1895

Niese, B.

Flavii Josephi opera recognovit B. Niese
(Editio minor), 6 Bde., Berlin 1888 -
1895

Pelletier, A.

Lettre d'Aristée à Philocrate,
Paris 1962

Rahlfs, A.

Septuaginta. Id est Vetus Testamentum
graece iuxta LXX interpretes,
Stuttgart 1935 (n. ö.)

Reinach, Th.
relatifs

Textes d'auteurs grecs et latins
relatifs au Judaïsme, Paris 1895
(n. ö.)

Rengstorf, K. H. -
Rost, L.

Die Mischna, Text, Übersetzung und aus-
führliche Erklärung mit eingehenden
geschichtlichen und sprachlichen Ein-
leitungen und textkritischen Anhängen.
Begründet von Georg Beer und Oscar
Holtzmann, Gießen (Berlin) 1912 ff.

Rengstorf, K. H.
(Hrsg.)

Die Tosefta, Übersetzung und Erklärung.
Bd. I 2 Seder Zeraïm von W. F. Krämer
und P. Freimark, Stuttgart 1971,
Bd. IV 3 Seder Neziķin von B. Salomonsen,
Stuttgart 1976. Bd VI 1 - 3 Seder Ṭoharot
von W. Windfuhr, G. Lisowsky,
E. Schereschewsky, G. Mayer und
K. H. Rengstorf, Stuttgart 1960 - 1967

Rengstorf, K. H.
(Hrsg.)

Die Tosefta, Text I Seder: Zeraïm,
Stuttgart - Berlin - Köln - Mainz 1983.
VI. Seder: Toharot, Stuttgart 1967

Rießler, P.

Altjüdisches Schrifttum außerhalb der
Bibel, ²Heidelberg, 1966

Sammter, A. -
Baneth, E. -
Hoffmann, D. u. a.

Mischnajot. Die sechs Ordnungen der
Mischna. Hebräischer Text mit Punktation,
deutscher Übersetzung und Erklärung,
6 Bde., Basel ³1968

Schechter, S.

Abot de Rabbi Natan, Text A oder B,
Wien 1887 (Neudruck Hildesheim 1979)

Schwab, M.

Le Talmud de Jérusalem, Nachdr.
Paris 1960 ff.

Schwabe, M. -
Lifshitz, B.

Beth She'arim, II
Jerusalem 1974

Sperber, A.

The Bible in Aramaic, 4 Bde.,
Leiden 1959 - 1973

Stern, M.

Greek and Latin Authors on Jews and
Judaism, 3 Bde., Jerusalem 1974 - 1985

Talmud Jeruschalmi

Krotoschin 1866 (u. ö.)

Tcherikover, V. -
Fuks, A.

Corpus Papyrorum Judaicarum, 3 Bde.,
Cambridge/Mass. 1957 - 1964

Thackeray, H.St.J.-
Marcus, R. u. a.

Josephus, 9 Bde., Cambridge/Mass.-London
1926 - 1965 (u. ö.)

Theodor, J. -
Albeck, Ch.

Bereschit Rabba mit kritischem Apparat
und Kommentar, 3 Bde., ²Jerusalem 1965

Weber, R.

Biblia Sacra iuxta Vulgatam Versionem,
²Stuttgart 1975

Winter, J. -
Wünsche, A.

Mechiltha. Ein tannaitischer Midrasch
zu Exodus, Leipzig 1909

Winter, J.

Sifra. Halachischer Midrasch zu Leviticus,
Breslau 1938

Wünsche, A.

Der Midrasch Bereschit Rabba,
Leipzig 1881

Wünsche, A.

Der Midrasch Schemot Rabba,
Leipzig 1882

Wünsche, A.

Der Midrasch Wajikra Rabba,
Leipzig 1882

Wünsche, A.

Der Midrasch Debarim Rabba,
Leipzig 1882

Wünsche, A.

Der Midrasch Bemidbar Rabba,
Leipzig 1885

Wünsche, A.

Pesikta des Rab Kahana,
Leipzig 1885

Yadin, Y.

Expedition D. In: Israel Exploration
Journal 12 (1962), S. 227 - 257

Yadin, Y.

The Temple Scroll (hebr.), I - III A,
Jerusalem 1977

Zuckermandel, M. S.

Tosephta, Pasewalk 1880. Supplement mit
Übersicht, Register und Glossar, Trier
1882 (u. ö.)

15.2. Allgemeine Werke

Avi-Yonah, M.

Geschichte der Juden im Zeitalter des
Talmud. Dt. Übers. Berlin 1962
(Studia Judaica 2)

Avi-Yonah, M.

The Holy Land from the Persian to the
Arab Conquests (536 B. C. to A. D. 640).
A Historical Geography, Grand Rapids,
Mich. 1966

Ben-David, A.

Talmudische Ökonomie. Die Wirtschaft
des jüdischen Palästina zur Zeit der
Mischna und des Talmud, I,
Hildesheim - New York 1974

Balsdon, J.P.V.D.

Die Frau in der römischen Antike.
Dt. Übersetzung, München 1979

Baron, S. W.

A Social and Religious History of the
Jews, II, S. 409 ff., New York 1952

Cross, F. M.

Die antike Bibliothek von Qumran und
die moderne biblische Wissenschaft.
Dt. Übers. Neukirchen 1967

Geiger, F.

Philon von Alexandria als sozialer
Denker, Stuttgart 1932

Goodenough, E. R.

The Jurisprudence of the Jewish Courts
in Egypt, New Haven 1929

Heinemann, I.

Philons griechische und jüdische Bildung,
Breslau 1932

Hengel, M.

Judentum und Hellenismus, ²Tübingen
1973 (= Wissenschaftliche Untersuchungen
zum Neuen Testament 10)

van der Horst, P.W.

The Sentences of Pseudo-Phocylides,
Leiden 1978 (= Studia in Veteris Testamenti
Pseudepigrapha 4)

Hruby, K.

Die Synagoge. Geschichtliche Entwicklung
einer Institution, Zürich 1971

Hüttenmeister, F. -
Reeg, G.

Die antiken Synagogen in Israel.
Teil 1: Die jüdischen Synagogen, Lehrhäuser
und Gerichtshöfe. Von F. Hüttenmeister.

Wiesbaden 1977 (Beihefte zum Tübinger
Atlas des Vorderen Orients B 12/1)

Juster, J.

Les Juifs dans l'empire romain, I + II,
1914, Nachdr. New York o. J.

Kippenberg, H. G.

Religion und Klassenbildung im antiken
Judäa, Göttingen 1978

Leon, H. J.

The Jews of Ancient Rome, Philadelphia
1960

Maier, J.

Grundzüge der Geschichte des Judentums
im Altertum, Darmstadt 1981

Neusner, J.

A History of the Jews in Babylonia,
I - V, Leiden 1965 - 1970 (Studia
Postbiblica 9, 11, 12, 13, 14)

Preuss, J.

Biblisch-talmudische Medizin, 1911,
Nachdr. New York 1971

Pomeroy, S. B.

Frauenleben im klassischen Altertum.
Dt. Übers. Stuttgart 1985

Rost, L.

Einleitung in die alttestamentlichen
Apokryphen und Pseudepigraphen einschließlich der großen Qumran-Hand-
schriften, Heidelberg 1971

Safrai, S. -
Stern, M. (Hrsg.)

The Jewish People in the First Century,
I, Assen 1974, II Assen/Amsterdam 1976

Safrai, S.

Das jüdische Volk im Zeitalter des
Zweiten Tempels. Dt. Übers.
Neukirchen 1978

Schäfer, P.

Geschichte der Juden in der Antike.
Die Juden Palästinas von Alexander dem
Großen bis zur arabischen Eroberung,
Neukirchen 1983

Schalit, A.

König Herodes. Der Mann und sein Werk,
Berlin 1969 (Studia Judaica 4)

Smallwood, E. M.

The Jews under Roman Rule. Photomechanical
Reprint with Corrections, Leiden 1981

Stemberger, G.

Das klassische Judentum. Kultur und Geschichte der rabbinischen Zeit,
München 1979

Stone, M. E. (Hrsg.)

Jewish Writings of the Second Temple
Period, Assen-Philadelphia 1984

Strack, H. L. -
Stemberger, G.

Einleitung in Talmud und Midrasch,
⁷München 1982

Tcherikover, V.

Hellenistic Civilization and the Jews,
Philadelphia 1959

Urbach, E. E.

The Sages. Their Concepts and Beliefs,
I - II. Engl. Übers. Jerusalem 1975

Wolff, H. J.

Hellenistic Private Law, in: S. Safrai
und M. Stern (Hrsg.), The Jewish People
in the First Century, I, S. 534 - 560,
Assen 1974

Yaron, R.

Gifts in Contemplation of Death in
Jewish Law, Oxford 1960

Yaron, R.

Introduction to the Law of the
Aramaic Papyri, Oxford 1961

15.3. Einschlägige Untersuchungen

Amram, D. W.

The Jewish Law of Divorce According to
Bible and Talmud, Philadelphia 1896

Appleman, S.

The Jewish Women in Judaism. The
Significance of Woman's Status in
Religions Culture, Hicksville,
N. Y. 1979

Aptowitzer, V.

Asenath, the Wife of Joseph. In: HUCA 1
(1924), S. 239 - 306

Aptowitzer, V.

Spuren des Matriarchats im juedischen
Schrifttum. In: HUCA 4 (1927), S. 207 -
240; 5 (1928), S. 261 - 297

Ashkenazi, S.
האשה באספקלרית היהדות
2 Bde., Tel-Aviv 1953

Assaf, S.

On the Question of the Daughter's
Inheritance (hebr.). In: Festschrift
Dr. Jakob Freimann, S. 8 - 13,
Berlin 1937

Augustin, M.

Der schöne Mensch im Alten Testament und
im hellenistischen Judentum, Frankfurt -
Bern - New York 1983

Bammel, E.

Markus 10, 11 f. und das jüdische Eherecht.
In: ZNW 61 (1970), S. 95 - 101

Baumgarten, J. M.

On the Testimony of Women in 1 QSª.
In: ders., Studies in Qumran Law
(Studies in Judaism and Late
Antiquity 24),
S. 183 - 186, Leiden 1977

Berman, S.

The Status of Women in Halakhic Judaism.
In: E. Koltun (Hrsg.), The Jewish Woman,
S. 114 - 128, New York 1976

Bialoblocki, S.

Materialien zum islamischen und jüdischen
Eherecht, Gießen 1928 (= Arbeiten aus
dem Orientalischen Seminar der Universität
Gießen 1)

Bickerman, E.

Two Legal Interpretations of the Septua-
gint. In: Studies in Jewish and Christian
History, I, Leiden 1976, (= AGJU IX),
S. 201 - 224

Billauer, A.

Grundzüge des babylonisch-talmudischen
Eherechts (jur. Diss. Heidelberg),
Berlin 1910

Blau, L.

Zur Geschichte des jüdischen Eherechts.
In: Festschrift Adolf Schwarz ...
S. 193 - 209, hg. v. S. Krauss,
Berlin und Wien 1917,

Blau, L.

Bekämpfung altorientalischer Rechtsformen
durch die Rabbinen des Talmuds, I. Die
Eheschließungsformel. In: MGWJ 69 (1925),
S. 139 - 141

Blumenthal, A. H.

An Aliyah for Women. In: S. Siegel (Hrsg.),
Conservative Judaism and Jewish Law,
S. 266 - 280, New York 1977

Brooten, B. J.

Women Leaders in the Ancient Synagogue,
Chico, Ca. 1982

Buchholtz, P.

Die Familie in rechtlicher und moralischer
Beziehung nach mosaisch-talmudischer Lehre,
Breslau 1867

Büchler, A.

Die Strafe der Ehebrecher in der nach-
exilischen Zeit. In: Monatsschrift für
Geschichte und Wissenschaft des Judentums,
55 (1911), S. 196 - 219

Büchler, A.

Familienreinheit und Familienmakel in
Jerusalem vor dem Jahre 70. In: Fest-
schrift Adolf Schwarz..., hg. v. S. Krauss,
S. 133 - 162, Berlin und Wien 1917

Büchler, A.

The Induction of the Bride and the
Bridegroom into the חופה in the First and
the Second Centuries in Palestine.
In: Livre d'hommage à la mémoire du
Dr. Samuel Poznański (1864 - 1921),
S. 82 - 132,   Varsovie 1927

Büchler, A.

Familienreinheit und Sittlichkeit in
Sepphoris im zweiten Jahrhundert.
In: Monatsschrift für Geschichte und
Wissenschaft des Judentums 78 (1934),
S. 126 - 164

Büchler, A.

The Jewish Betrothal and the Position
of a Woman Betrothed to a Priest in
the First and Second Centuries.
In: Studies in Jewish History,
S. 126 - 159, London 1956

Büchler, A.

הערות והארות על מצב האשה בספר יהודית.
(Bemerkungen und Erklärungen zur Stellung
der Frau im Judithbuch). In:
Studies in Jewish History, S.מה - עז
London 1956

Carmichael, D. M.

Women, Law, and the Genesis Traditions,
Edinburgh 1979

Cohen, B.

Jewish and Roman Law, I + II,
New York 1966.
S. 122 - 158: Law of Persons.
S. 159 - 178: Civil Bondage.
S. 179 - 278: Peculium.
S. 279 - 347: Betrothal.
S. 348 - 376: Dowry.
S. 377 - 408: Concerning Divorce.
S. 557 - 577: Ususfructus.

Cohen, S. J. D.

From the Bible to the Talmud: the
Prohibition of Intermarriage.
In: Hebrew Annual Review 7 (1983),
S. 23 - 39

Cohen, S. J. D.

The Origins of the Matrilineal Principle
in Rabbinic Law. In: American Journal
of Sociology 10 (1985), S. 19 - 53

Cohen, Y.

The Husband's Liability for the Medical
Treatment of his Wife (hebr.).
In: Dine Jisra'el 7 (1976), S. 67 - 78

Crook, J. A.

Titus and Berenice. In: American Journal
of Philology 72 (1951), S. 162 - 175

Daube, D.

The Duty of Procreation, Edinburgh 1977

Davidovitch, D.

The Ketuba. Jewish Marriage Contracts
through the Ages, Tel-Aviv 1968

Dexinger, F.

Frau III. Judentum. In: Theologische
Realenzyklopädie 11 (1983), S. 424 -
431

Duschak, M.

Das mosaisch-talmudische Eherecht mit
besonderer Rücksicht auf die Bürgerlichen Gesetze, Wien 1864

Epstein, L. M.

Notes on the Status of the Jewish Women
in Antiquity. In: Jewish Quarterly
Review 14 (1924), S. 483 - 499

Epstein, L. M.

Marriage Laws in the Bible and the
Talmud, Cambridge/Mass. 1942

Epstein, L. M.

The Jewish Marriage Contract. A Study
of the Status of the Woman in Jewish
Law, New York 1927, Nachdr. New York
1973

Epstein, L. M.

Sex Laws and Customs in Judaism, 1948,
Nachdr. New York 1967

Falk, Z. W.

‏ירושת הבת והאלמנה במקרא ובתלמוד.‏
In: Tarbiz 23 (1951/2), S. 9 - 15

Falk, Z. W.

‏, "צאן ברזל" בתלמוד‏
In: Tarbiz 26 (1956/57), S. 287 -
291

Falk, Z. W.

Mutual Obligations in the Ketubah.
In: Journal of Jewish Studies 8 (1957),
S. 215 - 217

Falk, Z. W.

On Matrimonial Property in Jewish
and Germanic Laws. In: Tijdschrift
voor Rechtsgeschiedenis 28 (1960),
S. 70 - 78

Falk, Z. W.

Testate Succession in Jewish Law.
In: Journal of Jewish Studies 12 (1962),
S. 67 - 77

Falk, Z. W.

The Divorce Action by the Wife (hebr.),
Jerusalem 1973

Falk, Z. W.

Jewish Private Law. In: S. Safrai -
M. Stern, The Jewish People in the First
Century, I, Assen 1974, S. 504 - 534

Falk, Z. W.

Introduction to Jewish Law of the Second
Commenwealth, I, Leiden 1972, II, Leiden
1978. (= Arbeiten zur Geschichte des
antiken Judentums und des Urchristentums XI)

Fitzmyer, J. A.

Divorce among First-century Palestinian
Jews. In: Eretz-Israel 14 (1978),
S. 103* - 110*

Frankel, Z.

Grundlinien des mosaisch-talmudischen
Eherechts. In: Jahresbericht des jüd.-
theol. Seminars "Fraenckelscher
Stiftung", Breslau 1860

Freund, L.

Zur Geschichte des Ehegüterrechtes bei
den Semiten, Wien 1909 (= Sitzungsbe-
richte der Kais. Akademie der Wissen-
schaften in Wien, Philosophisch-
Historische Klasse, 162. Band, 1. Ab-
handlung)

Freund, L.

Über Genealogien und Familienreinheit
in biblischer und talmudischer Zeit.
In: Festschrift Adolf Schwarz ...
hg. v. S. Krauss, Berlin und Wien 1917,
S. 163 - 192

Friedman, M. A.

Termination of the Marriage upon the
Wife's Request: A Palestinian Ketubba
Stipulation. In: Proceedings of the
American Academy for Jewish Research
37 (1969), S. 29 - 55

Friedman, M. A.

Annulling the Bride's Vows: A Palestinian
Ketubba Clause. In: Jewish Quarterly
Review 61 (1971), S. 222 - 233

Friedman, M. A.

The Ransom Clause of Jewish Marriage
Contracts. In: Gratz College Anniversary
Volume, Philadelphia 1971, S. 63-71

Friedman, M. A.

The Minimum Mohar Payment as Reflected
in the Geniza Documents: Marriage Gift
or Endowment Pledge? In: Proceedings
of the American Academy for Jewish
Research 43 (1976), S. 15 - 47

Friedman, M. A.

Jewish Marriage in Palestine. A Cairo
Geniza Study, I, Tel-Aviv and New York
1980; II, Tel-Aviv and New York 1981

Friedmann, M.

Mitwirkung von Frauen beim Gottesdienste.
In: HUCA 8/9 (1931/32), S. 511 - 523

Frey, J.-B.

La signification des termes μονανδρος
et univira. In: Recherches de science
religieuse 20 (1930), S. 48 - 60

Geller, M. J.

New Sources for the Origins of the
Rabbinic Ketubah. In: Hebrew Union
College Annual 49 (1978),
S. 227 - 245

Gil, M.

Land Ownership in Palestine under Roman
Rule. In: Revue internationale des
droits de l'antiquité, 3⁰ série,
17 (1970), S. 11 - 53

Gilat, Y.

"If you are taken captive" (hebr.).
In: Bar Ilan 13 (1976), S. 58 - 72

Goldfeld, A.

Women as Sources of Torah in the
Rabbinic Tradition. In: Judaism 24
(1975), S. 245 - 256

Goodblatt, D.

The Beruriah Traditions. In: W. S. Green
(Hrsg.), Persons and Institutions in
Early Rabbinic Judaism, Missoula, Montana
1977, S. 207 - 229

Güdemann, M.

Das Judenthum in seinen Grundzügen und
nach seinen geschichtlichen Grundlagen
dargestellt, Wien 1902

Gulak, A.

צאן ברזל בדיני התלמוד.
In: Tarbiz 3 (1931/2), S. 137 - 146

Gulak, A.

שטר אירוסין ודברים באמירה בדיני התלמוד,
In: Tarbiz 3 (1931/2), S. 361 -

Gulak, A.

סימפון באירוסין לפי התלמוד הירושלמי.
In: Tarbiz 5 (1934), S. 126 - 133

Gulak, A.

Das Urkundenwesen im Talmud,
Jerusalem 1935

Hengel, M.

Maria Magdalena und die Frauen als
Zeugen. In: Abraham unser Vater, Leiden -
Köln 1963 (= Arbeiten zur Geschichte
des Spätjudentums und Urchristentums 5),
S. 243 - 256

Holdheim, S.

Die religiöse Stellung des weiblichen
Geschlechts im talmudischen Judenthum,
Schwerin 1846

Holzinger, H.

Ehe und Frau im vordeuteronomischen
Israel. In: Studien zur semitischen
Philologie und Religionsgeschichte
Julius Wellhausen ... hg. v. K. Marti,
Gießen 1914, S. 227 - 241

Klein, C.

Jüdische Frauen in der Zeit Marias von
Nazareth. In: Emuna 10 (1975),
Supplementheft 1, S. 32 - 36

Klugmann, N.

Vergleichende Studien zur Stellung der
Frau im Altertum. Erster Band: Die Frau
im Talmud, Wien 1898

Koffmahn, E.

Die Doppelurkunden aus der Wüste Juda,
Leiden 1968 (= Studies on the Texts
of the Desert of Judah 4)

Krauss, S.

Talmudische Archäologie, II, Leipzig
1911, S. 1 - 82

Krauss, S.

The Jewish Rite of Covering the Head.
In: Hebrew Union College Annual 19
(1945/6), S. 121 - 168

Kurrein, A.

Die Frau im jüdischen Volke, Bilin 1901

Kuzmack, L.

Aggadic Approaches to Biblical Women.
In: E. Koltun (Hrsg.), The Jewish Woman,
New York 1976, S. 248 - 256

Lazarus, N. R.

Das jüdische Weib, ³Berlin 1896

Leipoldt, J.

Die Frau in der antiken Welt und im
Urchristentum, Leipzig ² 1955

Leiter, W.

Die Stellung der Frau im Talmud,
Amsterdam 1918

Lévinas, E.

Judaism and the Feminine Element.
In: Judaism 18 (1969), S. 30 - 38

Levine, B.

Mulūgu/Mulûg. The Origins of a
Talmudic Legal Institution.
In: Journal of the American
Oriental Society 88 (1968),
S. 271 - 285

Lewy, J. H.

עניי ישראל ברומי העתיקה.
 In: Studies in Jewish Hellenism,
 Jerusalem 1960, S. 197 - 203

Lipiński, E.

The Wife's Right to Divorce in the
Light of an Ancient Near Eastern
Tradition. In: The Jewish Law Annual
4 (1981), S. 9 - 27

Listfield, C.

Women and the Commandments. In:
Conservative Judaism 29 (1974),
S. 43 - 48

Loewe, R.

The Position of Women in Judaism,
London 1966

Lowy, S.
The Extent of Jewish Polygamy in
Talmudic Times. In: Journal of Jewish
Studies 9 (1958), S. 115 - 138

Maybaum, I.
Jewish Existence, London 1960, S. 124 -
130: VI. Sanctification and Spiritua-
lisation

Mace, D. R.
Hebrew Marriage. A Sociological
Study, New York 1953

Meiselman, M.
Jewish Women in Jewish Law,
New York 1978

Mielziner, M.
The Jewish Law of Marriage and Divorce
in Ancient and Modern Times, ² New York -
Cincinnati 1901

Mireaux, E.
La reine Bérénice, Paris 1951

Navè, P.
Die jüdische Frau: Dulderin oder
Partnerin? In: Emuna 10 (1975),
Supplementheft 1, S. 22 - 28

Nembach, U.
Ehescheidung nach alttestamentlichem
und jüdischem Recht. In: Theologische
Zeitschrift 26 (1970), S. 161 - 171

Neubauer, J.
Beiträge zur Geschichte des biblisch-
talmudischen Eheschließungsrechts,
Leipzig 1920 (= Mitteilungen der
Vorderasiatischen Gesellschaft 24.
25)

Neufeld, E.
Ancient Hebrew Marriage Laws,
London - New York - Toronto 1944

Neusner, J.
A History of the Mishnaic Law of
Women, I - V, Leiden 1980 (= Studies
in Judaism in Late Antiquity 33)

Oppenheim, A. L.
A Note on ṣōn barzel. In: Israel
Exploration Journal 5 (1955),
S. 89 - 92

Patai, R.
Family, Love and the Bible,
London 1960

Piatelli, D.
The Marriage Contract and Bill of
Divorce in Ancient Jewish Law.
In: The Jewish Law Annual 4 (1981),
S. 66 - 78

Polotsky, H. J.
The Greek Papyri from the Cave of
Letters. In: Israel Exploration
Journal 12 (1962), S. 258 - 262

Posen, J.
Die Stellung der Frau im jüdischen
Religionsgesetz (Halacha).
In: Judaica 41 (1985), S. 142 - 151

Rabello, A. M.
Divorce of Jews in the Roman Empire.
In: The Jewish Law Annual 4 (1981),
S. 79 - 102

Rabinowitz, J. J.
Jewish Law. Its Influence on the
Development of Legal Institutions,
New York 1956

Rapaport, M. W.
Der Talmud und sein Recht. In: Zeitschrift für vergleichende Rechts-
wissenschaft 14 (1900), S. 1 - 148

Reines, Ch. W.
Beauty in the Bible and the Talmud.
In: Judaism 24 (1975), S. 100 - 107

Reines, H. Z.
The Marriage of Minors in the
Talmud (hebr.). In: Zevi Scharfstein
Jubilee Volume, Tel-Aviv 1970,
S. 191 - 200

Safrai, S.
Home and Family. In: S. Safrai -

M. Stern (Hrsg.), The Jewish People
in the First Century, II, Assen/
Amsterdam 1976, S. 728 - 792

Schäppi, L.

Die Stellung der Frau im Judentum,
im Islam und im Christentum. Ein Ver-
gleich. In: Judaica 32 (1976),
S. 103 - 112. 161 - 172

Schechter, S.

Women in Temple and Synagogue.
In: ders., Studies in Judaism, London
1896, S. 381 - 396

Schenker, A.

Der Monotheismus im ersten Gebot,
die Stellung der Frau im Sabbatgebot
und zwei andere Sachfragen zum Dekalog.
In: Freiburger Zeitschrift für Philo-
sophie und Theologie 1985,
S. 324 - 341

Schereschewski, B.

Family Law in Israel (hebr.),
Jerusalem 1967

Segal, J. B.

Popular Religion in Ancient Israel.
In: Journal of Jewish Studies 27
(1976), S. 1 - 22

Segal, J. B.

The Jewish Attitude towards Women.
In: Journal of Jewish Studies 30
(1979), S. 121 - 137

Sigal, Ph.

Elements of Male Chauvinism in Classical
Halakhah. In: Judaism 24 (1975),
S. 226 - 244

Stern, J.

Die Frau im Talmud. Eine Skizze,
Zürich 1879

Straßburger, B.

Geschichte der Erziehung und des Unter-
richts bei den Israeliten. Von der
Vortalmudischen Zeit bis auf die Gegenwart, Stuttgart 1885

Swidler, L.

Women in Judaism. The Status of Women
in Formative Judaism, Metuchen 1976

Thraede, K.

Art. Frau. In: Reallexikon für Antike
und Christentum 8, Sp. 197 - 269

Trenchard, W. C.

Ben Sira's View of Women, Chico, Ca.
1982 (= Brown Judaic Studies 38)

de Tryon -
Montalembert, R.

Ist das Judentum frauenfeindlich?
In: Judaica 41 (1985), S. 132 - 141

Wahrmann, N.

Untersuchungen über die Stellung der
Frau im Judentum im Zeitalter der
Tannaiten, Breslau 1933

Wallach-Faller, M.

Veränderungen im Status der jüdischen
Frau. Ein geschichtlicher Überblick.
In: Judaica 41 (1985), S. 152 - 172

Weil, E.

La femme juive - sa condition légale
d'après la Bible et le Talmud,
Paris 1874

Yadin, Y.

Babata - Ihr Leben und ihre Prozesse.
In: ders., Bar Kochba. Dt. Übers.
Hamburg 1971, S. 222 - 254

Yaron, R.

The Murabba'at Documents.
In: Journal of Jewish Studies 11
(1960), S. 157 - 171

Zeitlin, S.

The Offspring of Intermarriage. In:
Jewish Quarterly Review 51 (1960),
S. 135 - 140

Zuckermandel, M. S.

Die Befreiung der Frauen von bestimmten
religiösen Pflichten nach Tosefta und
Mischna. SA: Festschrift zu Israel
Lewy's 70. Geburtstag, Breslau 1911

Kohlhammer

Werner Daum
Ursemitische Religion

1985. 223 Seiten, 5 Fotos, 9 Abb.
Leinen. DM 89,–. ISBN 3-17-008589-1

Ethnologische Materialien Südarabiens, die sich bis auf vorislamische Zeit zurückverfolgen lassen, wie auch altertümliche Volksmärchen des Landes berichten übereinstimmend von der Tötung eines Regendämons durch einen jungen Lichtgott, der die Göttin Sonne befreit, heiratet, Fruchtbarkeit und Zivilisation stiftet. Diese Ereignisse werden in einem jährlichen Frühlingsfest nachvollzogen; sie spiegeln sich im vorislamischen Frühlings- und Herbstfest von Mekka wie auch im biblischen Peṣaḥ- und Laubhüttenfest wider, deren gemeinsamer Ursprung sich in Südarabien bis heute greifen läßt.
Als Konsequenzen dieser ethnologischen Neubestimmung »ursemitischer Religion« ergeben sich

- für die Islamkunde: Auffindung des Mythos der Ḥadsch von Mekka;
- für die alttestamentliche Wissenschaft: Ursprung von Peṣaḥ und Herkunft der Beschneidung;
- für die Märchenforschung: Ursprung der sog. Zaubermärchen.

Verlag W. Kohlhammer
Stuttgart · Berlin · Köln · Mainz